校企合作·现代学徒制·新形态教材

服装市场营销

赵绮　周陈星　李春暖　主编

FUZHUANG SHICHANG
YINGXIAO

内容简介

本书是与品牌服装企业联合共同开发的校企合作、现代学徒制、新形态、融媒体教材。教学内容主要针对服装市场营销岗位，引导学生开展实训，提高实践技能，是一本从理论到实践并对接一线品牌企业的理实一体化教材。具体内容包括：服装市场调研与分析、服装市场细分、服装卖场陈列分析、服装卖场色彩管理、服装卖场货架管理、服装卖场橱窗管理、服装卖场布局管理、服装卖场VR综合实训等。

另外本书配套开设在线课程，方便学生进行线下线上同步学习。

本书可作为普通高等职业院校服装、纺织、商贸等相关专业的师生教材，也可作为服装企业的一线从业人员的培训用书，还可供其他相关行业的从业人员和爱好者学习使用。

图书在版编目（CIP）数据

服装市场营销 / 赵绮，周陈星，李春暖主编. ── 北京：化学工业出版社，2024. 10. ── ISBN 978-7-122-46430-9

Ⅰ.F768.3

中国国家版本馆CIP数据核字第2024YP2715号

责任编辑：李彦玲
文字编辑：谢晓馨　刘　璐
责任校对：张茜越
装帧设计：王晓宇

出版发行：化学工业出版社
　　　　　（北京市东城区青年湖南街13号　邮政编码100011）
印　　装：河北京平诚乾印刷有限公司
787mm×1092mm　1/16　印张7¾　彩插5　字数183千字
2025年1月北京第1版第1次印刷

购书咨询：010-64518888
售后服务：010-64518899
网　　址：http://www.cip.com.cn

凡购买本书，如有缺损质量问题，本社销售中心负责调换。

定　　价：49.80元　　　　　　　　　版权所有　违者必究

前言 PREFACE

党的二十大报告指出："中国式现代化是物质文明和精神文明相协调的现代化，物质富足、精神富有是社会主义现代化的根本要求。"服装作为人类特有的劳动成果，一直以来既是物质文明的结晶，也是精神文明的体现。现今中国本土服装品牌快速发展，队伍日益壮大，重要性不断提升，作为向世界展示中国形象的重要窗口，肩负着"不断提升国家文化软实力和中华文化影响力"的历史使命。培养一大批服务于国内服装品牌的高质量营销人才，推动中国服装品牌高质量发展日益重要。

基于上述市场环境，本教材积极开展跨校合作以及校企合作。邀请浙江雅莹服装有限公司一线培训师张鑫焱参与教材编写。在明确服装营销策划师、陈列师、门店店长等典型工作岗位的职业能力要求的基础上，根据企业实际需要设置不同的学习情景，保证教学内容与实际岗位对接。同时针对教学难点中服装卖场实训环节，通过跨校与跨专业合作，引入VR虚拟仿真技术，解决了实训资源欠缺的问题。并邀请浙江理工大学纺织服装虚拟实训中心主任王利君参与指导VR实训环节设计与编写，跨专业邀请本校工业设计专业负责人周陈星完成VR实训资源开发。另本教材配套在浙江省高等学校在线开放课程共享平台的《服装市场营销》在线课程，方便学生进行线上线下同步学习，并可实现在线互动交流与探讨，从而大大提升学生学习自主性。

本教材在内容设计上从多个方面融入课程思政元素，以党的二十大报告为指引，强调工匠精神与职业素养的培养、创新精神与吃苦耐劳品质的树立、绿色发展理念的贯彻，并通过规范行为、改革评价标准等方法寓教于学。

由于编者水平所限，编写内容难免存在不妥之处，敬请各位专家、同行以及读者批评指正，以便后续进行修改和完善。

编者

2024年6月

目录

学习情境一　服装市场调研与分析　　1

课前任务　　2	五、服装市场调研的方法与过程　　6
学习目标　　2	实训任务　　7
学习任务　　2	实训一　调研问卷的初稿编写　　7
知识准备　　3	实训二　调研问卷的小样本预测　　8
一、服装市场调研的作用　　3	实训三　调研问卷的发放与营销策略提出　　9
二、服装市场调研的内容　　3	知识与能力拓展　　9
三、服装市场调研的类型　　4	
四、服装市场调研的基本要求　　5	

学习情境二　服装市场细分　　11

课前任务　　12	五、服装市场细分的步骤　　15
学习目标　　12	六、服装市场细分的策略　　16
学习任务　　12	实训任务　　16
知识准备　　13	实训一　服装市场细分标准的选择　　16
一、市场细分的概念　　13	实训二　服装市场细分的表达　　17
二、服装市场细分的基础　　13	实训三　服装差异化营销策略的制定　　17
三、服装市场细分的标准　　13	知识与能力拓展　　17
四、服装市场细分的意义　　15	

学习情境三　服装卖场陈列分析　　19

课前任务	20	四、服装陈列的原则	24
学习目标	20	实训任务	25
学习任务	20	实训一　卖场陈列中的形式重复	25
知识准备	21	实训二　卖场陈列中的色彩重复	26
一、服装陈列的概念	21	实训三　卖场陈列中的元素重复	27
二、服装陈列的功能要素	21	知识与能力拓展	27
三、服装陈列的道具	22		

学习情境四　服装卖场色彩管理　　31

课前任务	32	三、服装卖场色彩管理的技巧	35
学习目标	32	实训任务	36
学习任务	32	实训一　服装卖场色彩仿真实训1	36
知识准备	33	实训二　服装卖场色彩仿真实训2	37
一、服装卖场色彩的属性	33	实训三　服装卖场色彩仿真实训3	37
二、服装卖场色彩管理的原则	33	知识与能力拓展	38

学习情境五　服装卖场货架管理　　39

课前任务	40	（人体工学原理）	43
学习目标	40	实训二　服装货架仿真实训	
学习任务	40	（平衡对称原理）	44
知识准备	41	实训三　服装货架仿真实训	
一、正挂的特点与技巧	41	（多样化原理）	45
二、侧挂的特点与技巧	41	实训四　服装货架仿真实训	
三、叠装的特点与技巧	42	（系列化原理）	45
实训任务	43	知识与能力拓展	46
实训一　服装货架仿真实训			

学习情境六　服装卖场橱窗管理　　48

课前任务	49	实训任务	56
学习目标	49	实训一　橱窗设计（2个模特）	56
学习任务	49	实训二　橱窗设计（3个模特）	57
知识准备	50	实训三　橱窗设计（4个模特）	58
一、橱窗的类型	50	实训四　橱窗设计（5个模特）	59
二、橱窗的构成方式	51	知识与能力拓展	60
三、橱窗管理注意事项	55		

学习情境七　服装卖场布局管理　　62

课前任务	63	四、卖场动线规划	68
学习目标	63	实训任务	70
学习任务	63	实训一　服装卖场布局仿真实训1	70
知识准备	64	实训二　服装卖场布局仿真实训2	71
一、服装销售分区	64	实训三　服装卖场布局仿真实训3	72
二、服装陈列间隔	64	知识与能力拓展	72
三、服装卖场尺寸	67		

学习情境八　服装卖场VR综合实训　　74

综合实训目标	75	综合实训任务	75
综合实训内容	75		

参考文献　　76

活页式创新教材使用说明

　　本书作为一部前沿的活页式创新教材,紧密契合 2019 年国务院发布的《国家职业教育改革实施方案》精神,旨在重塑传统教学模式,推动教育内容的动态化与个性化。区别于传统的一体式胶装教材,本教材创新性地采用了"双册并行"的结构,即主教材(任务知识手册)与项目实训手册相辅相成,两者既独立成章,又相互关联,支持灵活组装与独立使用,以适应不同的教学评估需求。

　　主教材(任务知识手册):涵盖从服装市场调研的深度剖析到卖场管理的细致策略,不仅详尽阐述了理论知识、行业标准、操作流程及实战技巧,还精心收录了服装营销管理领域的鲜活案例。这一设计赋予了教师极大的教学自由度,能够根据学生的学习背景与能力差异,灵活调整教学内容与顺序,采取课前预习激发兴趣、课堂精讲深化理解、课后拓展巩固知识的多元化教学模式。同时,学生也能依托该教材,结合网络学习资源,开展个性化自主学习,实现知识的有效吸收与内化。

　　项目实训手册:专注于实践操作能力的培养,遵循实训项目实施的逻辑顺序精心编排,确保理论与实践的无缝对接。手册中不仅详尽规划了实训步骤,还适时穿插关键知识点讲解,让学生在动手操作中即时回顾与巩固所学。对于基础实训环节,配套设计的实训课件采用便捷的可拆卸结构,极大地提高了教学准备的效率与课堂实施的流畅度,有效促进了学生学习成效的提升。而对于涉及复杂技术的实训场景,如服装卖场布局的虚拟仿真、VR 技术综合应用等,特别提供了直观的示范视频,帮助学生跨越理论与实践之间的鸿沟,直观感受技术应用的魅力,从而快速掌握核心技能。活页的设计更是便于教师根据学校特色、专业需求及学生能力水平,灵活调整实训内容,实现教材的定制化使用。

学习情境一 服装市场调研与分析

　　服装市场调研是指通过有目的地对一系列有关服装生产和营销的资料、情报、信息的收集、筛选、分析，来了解现有市场的动向，预测潜在市场，并由此做出生产与营销决策，从而达到进入服装市场、占有市场并实现预期目的。经营决策决定企业发展方向与目标，它的正确与否，直接关系到企业的生存与发展。只有通过市场调研，才能及时探明市场需求变化的特点，掌握市场供求之间平衡情况，从而有针对性地制定市场营销和企业经营发展策略，否则就会因盲目和脱离实际的决策而造成损失甚至失败。

学习情境一电子课件

① 通过网络、图书馆等渠道，选定一个国内的服装品牌，了解该服装品牌的特点、发展历史等信息。

② 通过调研，使用思维导图，整理收集到的信息。

③ 思考一下，在调研活动中使用了哪些调研方法去获取你想要的信息。

知识目标：熟悉服装市场调研的基本方法、基本流程与数据分析的手段。

技能目标：能使用正确的流程进行服装调研问卷的编写，在有效收集并分析数据的基础上，提出合理的服装营销建议。

素质目标：了解中国优秀服装品牌的特点、发展历程等，提升对国内优秀服装品牌的关注度和了解度，增强认可度；提升实现中华民族伟大复兴的责任感和使命感，以及对未来国内服装品牌发展的文化自信。

对于服装行业而言，服装品牌是服装文化非常重要的载体。随着中国经济的发展，优秀的本土服装品牌不断涌现，加强对国内服装品牌的关注和了解，有利于提升对于国内服装品牌价值的文化自信。所以本章的学习任务是以小组为单位，选取国内某一服装品牌，通过调研、访谈等方法对该品牌的发展历史、消费群体特点等方面情况进行详细深入的了解，同时运用所学知识编写有效的调研问卷，在市场调研的基础上，撰写完成针对该国内服装品牌的市场调研分析报告。

知识准备

一、服装市场调研的作用

1. 了解消费者的真实需求

市场调研是了解消费者真实需求的有效途径。一般情况下，服装企业往往是单方面向消费者提供流行信息与服饰产品的，但目标消费者真正需要和喜好的产品的色彩、风格、功能以及搭配方式等信息却很难自动反馈给服装企业。通过自身品牌和同类其他品牌的销售调研以及消费者问卷的形式，可以直观地了解消费者对于产品的反映及需求，提高消费者的满意度。

2. 提供市场决策的依据

市场调研可以为企业的市场决策提供最直接有效的依据。相对于仅凭经营者的经验而对市场做出的判断来说，客观的调研结果在很大程度上避免了判断的主观性、盲目性和风险性。这一点对于一个即将推出的新品牌来说尤为重要。品牌的定位和相关的建设方法都需要通过市场调研进行必不可少的前期准备工作。而对于现有服装品牌来说，无论是品牌风格的变化、产品价格的调整，还是店铺形象的换装工程都需要相关部门做好扎实有效的市场调研，为企业随之而来的大笔资金投放做好导向。

3. 掌握竞争对手的信息

市场调研还是掌握竞争对手信息的重要手段。一个品牌在发展还不完善，尤其是尚未成为业内领头羊的时候，通常都会在市场上寻找一个旗鼓相当或者略高于自己的对手作为竞争的目标品牌。通过市场调研，能弄清目标品牌的基本情况，并为赶超目标品牌提供客观的依据。大部分市场业绩良好的服装品牌都会是其他服装品牌悄悄瞄准的目标品牌。前者什么产品好卖、销量是多少，后者通过市场调研即可以一目了然。并且据此调整产品结构甚至经营手段，努力使自己的产品得到更大的市场席位。

二、服装市场调研的内容

服装市场调研的内容非常广泛，凡是直接或间接影响市场营销的资料，都应广泛收集和研究。服装市场调研的内容主要包括社会环境调研、市场需求调研、产品调研和市场营销活动调研。

1. 社会环境调研

企业的生产、经营活动脱离不了所处的社会环境，其中包括政治环境、经济环境、文化环境、科技环境、地理环境。这些因素往往是企业自身难以驾驭和影响的，只有在了解的基

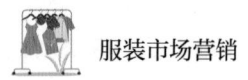

础上去适应，并将其为我所用，才能取得经营的成功。

2. 市场需求调研

对企业来说，市场就是具有一定支付能力的需求，没有需求，企业就无法生产或无需生产。所以市场需求调研是市场调研内容中最基本的部分。市场需求调研主要包括消费需求量的调研、消费结构的调研和消费者行为的调研。

3. 产品调研

产品是企业为消费者提供服务的对象。一个企业要想在竞争中求得生存和发展，关键就在于始终一贯地生产出符合市场需要的产品。服装产品调研主要包括产品生产能力、产品实体、产品包装、产品生命周期、产品价格、产品品牌及流行趋势等。

4. 市场营销活动调研

市场营销活动调研有产品、定价、分销渠道与促销这四大内容。主要包括竞争对手的调研、销售渠道的调研和促销活动的调研。

以上所提到的内容涉及面很广，服装市场调研并不需要涵盖所有内容，主要是依据调研的目的来决定调研内容。

三、服装市场调研的类型

服装市场信息涉及的内容很多，所以服装市场调研的类型也多种多样。按照不同的分类方法，市场调研可划分为不同的类型。

1. 按调查的目的和功能划分

按照调查的目的和功能划分，市场调查可以分为探索性调查、描述性调查和因果性调查。

（1）探索性调查

探索性调查是为了使问题更明确而进行的小规模调查活动。这种调查有助于把一个大而模糊的问题表达为小而准确的子问题，并识别出需要进一步调查的信息。比如，某服装公司的市场份额去年下降了，公司无法一一查知原因，就可用探索性调查来发掘问题：是经济衰退的影响、广告支出的减少、销售代理效率低、还是消费者的习惯改变了等。总之，探索性调查具有灵活性的特点，适合调查那些我们知之甚少的问题。在不能肯定问题性质时，也可用探索性调查。

（2）描述性调查

描述性调查是寻求对"谁""什么事情""什么时候""什么地点"这样一些问题的回答。它可以描述不同消费者群体在需求、态度、行为等方面的差异。描述的结果尽管不能对"为什么"给出回答，但也可用作解决营销问题所需的全部信息。比如，某服装店了解到该店71%的顾客主要是年龄在18～44岁之间的女性，并经常带着家人、朋友一起来购买。这种描述性调查提供了重要的决策信息，使服装店重视直接向女性开展促销活动。在对有关情况缺乏完整的知识时可用描述性调查。

(3) 因果性调查

因果性调查是调查一个因素的改变是否引起另一个因素改变的研究活动，目的是识别变量之间的因果关系，如预期价格、包装及广告费用等对销售额的影响。这项工作要求调研人员对所研究的课题有相当的知识储备，能够判断一种情况出现了另一种情况会接着发生，并能说明其原因所在。在需要对问题严格定义时使用因果性调查。

2. 按服装市场商品消费目的划分

按照服装市场商品消费的目的，市场调查可以分为服装消费者市场调查和服装生产者市场调查。

（1）服装消费者市场调查

这里所说的消费者，系指以满足个人生活需要为目的的服装商品购买者和使用者，也是服装商品的最终消费者。服装消费者市场调查的目的主要是了解消费者需求数量、结构及变化。

（2）服装生产者市场调查

服装生产者市场调查是指对为了满足服装加工制造等生产性需要而形成的市场（也称为服装生产资料市场）的调查。这个市场上交易的商品是服装生产资料，如各种服装面辅料、服装挂饰等。参加交易活动的购买者主要是服装生产企业，购买商品的目的是满足服装生产过程中的需要。服装产品的质量与价格跟服装原料质量成本是密切相关的，只有符合标准的原料才能生产出优质的服装产品，因此，调查服装生产者市场是非常必要的。

3. 按其他方式划分

① 按流通领域的不同环节来划分，市场调查可分为服装批发市场调查和服装零售市场调查，也叫中间商调查，与服装生产者市场调查和服装消费者市场调查紧密联系在一起，形成服装市场调查体系。

② 按产品结构层次划分，市场调查可分为男装调查、女装调查、童装调查。也可分为运动装调查、职业装调查、休闲装调查等。

③ 按调查空间范围划分，可分为国内市场调查和国际市场调查。国内市场调查则包括全国性调查和地区性调查，以及城市调查和农村调查。

④ 按调查时间划分，市场调查可分为经常性调查、定期调查、临时性调查。

四、服装市场调研的基本要求

服装市场调研是一项基础性的工作，必须遵循以下原则。

1. 客观性

资料的准确性是市场调研的核心，因为只有掌握客观的真实情况，才能做出正确有效的决策。因此在进行市场调研中，始终要遵循实事求是的态度，客观如实地反映市场情况，不允许带有任何主观意愿和偏见，做到调研资料的准确可靠。

2. 及时性

服装产业是一个时尚产业，服装市场瞬息万变，所以更加注重信息的时效性。所以，企业必须及时并经常进行市场调研，获取相关信息，做出相应反应，否则就有可能导致产品滞销，资金回笼困难，给企业带来严重经济损失。

3. 针对性

服装市场调研涉及的内容广泛，欲泛则不精，这就要求调研人员根据预定目的进行有针对性的调研，有的放矢才能够更快、更深入地解决问题。

4. 计划性

市场调研是一项复杂而细致的工作，工作量大、涉及面广，所以必须进行周密的计划，围绕主题、分清主次、突出重点、按部就班地进行，而不可"东一榔头西一棒槌"，耽误时间、耗费精力，又给后期的整理工作增加困难。

5. 系统性

对市场调研所获取的信息资料要加以整理归纳，做到条理化、系统化，并对市场情况做出比较全面的判断。而且对于调研的结果要及时付诸实施，如果束之高阁，不仅是极大的浪费，还有可能使企业错失良机，造成无形的损失。

6. 持续性

占有一切必需的资料是进行市场调研的重要手段，也是对市场变化进行深入分析、研究和预测的保障。市场调研是一项经常性的工作，要善于将每次调研的结果进行整理归档，建立完善的市场信息系统和资料库，为后续的工作提供经常性的资料来源。

五、服装市场调研的方法与过程

1. 服装市场调研的方法

市场调研的目的是收集所需资料。采用恰当的方法、手段进行市场调研，是实现调研目的的首要问题。常用的市场调研方法分为实地调研法和文献调研法，实地调研法获得一手资料，而文献调研法则获得二手资料，二者各有利弊，也经常结合运用。具体来讲，在服装市场调研中常用到的方法有以下几种。

微课堂：服装市场调研的方法

（1）访问法

将希望了解的信息归纳成若干问题，通过面谈、电话、问卷、反馈卡等方式进行调研。

（2）观察法

由调研人员直接或借助仪器把被调研对象的实际情况记录下来，如利用符号、文字、图画、记忆、照相及录像等机械手段记录。这是服装调研人员常用到的一种调研方法。

（3）实验法

如将自己的新产品投放到目标市场，看这一区域的顾客对产品的反应（即销量）。

2. 服装市场调研的过程

由于调研目的、方法的不同，工作程序也会有所不同，但一般程序是基本一样的。服装市场调研的过程概括起来主要有以下几个步骤。

（1）明确调研目的与任务

在开始调研之前，调研人员必须明确调研的目的是什么，也就是先要提出问题，才能确定调研对象、范围、方法等内容。如某一品牌女装为开发下一季新装做市场调研，明确目的后调研内容就可以确定了。

（2）设计调研方案

明确调研目的之后，下一步就是制订完善的调研方案，为最有效地实现目的作准备。具体包括调研的内容、调研的对象、调研的方法、调研的地点、调研的时间、资料收集整理的方法等。由目的和内容就可以确定调研对象是消费者和服装产品，包括本品牌产品和与自身品牌有可比性的品牌产品。

（3）实地调研

有了明确的调研方案，就可以进行实地调研了。在调研的过程中，要始终遵循实事求是的态度，还要锻炼良好的沟通与应变能力。

（4）整理和分析调研资料

编辑整理：对调研资料进行编辑整理，首先要检查资料误差，确保真实准确；接下来进行分类统计，以便利用和分析。如统计分析消费者对本品牌服装满意与否方面的反馈，自然就可以得到本品牌吸引消费者的要素以及还有哪些方面需要改进。

归纳分析：运用调研所得的数据和情况，分析、归纳并得出结论。这里最好用的就是比较分析法。如通过实地考察和网络调研获得下季女装的流行趋势，这是较宽泛的趋势，这就要对比目标品牌的下季服装特点以及本品牌服装的一贯风格，从而获得结论，确定本品牌应该利用哪部分流行趋势进行下季产品开发。

（5）撰写调研报告

撰写调研报告是市场调研的最后一个环节，是最终的一个结果，也是下一步工作的依据。调研报告要求中心突出，结构严密，材料与观点一致，并且调研报告可以回答调研任务中提出的问题。

实训任务

实训一

调研问卷的初稿编写

1. 实训的准备与安排

① 实训类型：仿真实训。

② 实训地点：按照实际的调研内容选择校内或校外开展。

③ 实训准备：笔记本电脑、无线网络。

2. 实训内容

使用访问法中的问卷调研方法，选定某一国内知名的服装品牌，设定调研目的，撰写调研问卷初稿。

3. 实训方法与步骤

① 学生分为若干个小组，每组3～5人。每组设组长1名，负责组织本组成员进行实训。

② 各小组由组长组织讨论，确定完成的内容，并确定具体人员分工。

③ 撰写实训作业初稿。

④ 组长组织小组讨论，对实训初稿进行修改并定稿。

⑤ 各组将调研报告的主要内容制成PPT，并推荐1名组员向教师和同学们汇报本组工作。

⑥ 学生互评，教师讲评。

实训二

调研问卷的小样本预测

1. 实训的准备与安排

① 实训类型：仿真实训。

② 实训地点：按照实际的调研内容选择校内或校外开展。

③ 实训准备：笔记本电脑、无线网络。

2. 实训内容

进行调研问卷的修改，在小样本预测的基础上形成调研问卷正稿。

3. 实训方法与步骤

① 学生分为若干个小组，每组3～5人。每组设组长1名，负责组织本组成员进行实训。

② 各小组由组长组织讨论，确定完成的内容，并确定具体人员分工。

③ 撰写实训作业初稿。

④ 组长组织小组讨论，对实训初稿进行修改并定稿。

⑤ 各组将调研报告的主要内容制成PPT，并推荐1名组员向教师和同学们汇报本组工作。

⑥ 学生互评，教师讲评。

实训三

调研问卷的发放与营销策略提出

1. 实训的准备与安排

① 实训类型：仿真实训。
② 实训地点：按照实际的调研内容选择校内或校外开展。
③ 实训准备：笔记本电脑、无线网络。

2. 实训内容

进行调研问卷的修改，在小样本预测的基础上形成调研问卷正稿，并进行发放、数据回收和分析。

3. 实训方法与步骤

① 学生分为若干个小组，每组 3～5 人。每组设组长 1 名，负责组织本组成员进行子任务。
② 各小组由组长组织讨论，确定完成的内容，并确定具体人员分工。
③ 撰写实训作业初稿。
④ 组长组织小组讨论，对实训初稿进行修改并定稿。
⑤ 各组将调研报告的主要内容制成 PPT，并推荐 1 名组员向教师和同学们汇报本组工作。
⑥ 学生互评，教师讲评。

知识与能力拓展

旧服装回收

党的二十大报告要求"推动绿色发展，促进人与自然和谐共生"。"大自然是人类赖以生存发展的基本条件。尊重自然、顺应自然、保护自然，是全面建设社会主义现代化国家的内在要求。必须牢固树立和践行绿水青山就是金山银山的理念，站在人与自然和谐共生的高度谋划发展。""加快发展方式绿色转型。推动经济社会发展绿色化、低碳化是实现高质量发展

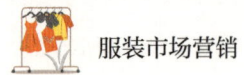

的关键环节。"

随着消费主义时代的全面来临，垃圾数量也呈爆发式增长，而服装垃圾则是其中不可忽视的一个部分。随着服装行业的快时尚理念流行，其经营模式对环境的破坏一直为大众所诟病。比如对水资源的过度损耗：生产一件 T 恤，需要耗费 2700 升水；印染等生产过程中产生的废水直接被排入河流，造成水质污染等。同时旧服装垃圾也是一种污染，服装原料中被大量使用的聚酯纤维，填埋后往往需要 200 年才能被自然分解。而如果采取焚烧的方式，则会产生具有致癌成分的气体。尽管如此，仍然有相当一部分砖窑工厂将服装废料作为主要燃料。

阅读以上内容后，你对服装企业开展营销活动有哪些思考？记录在下面。

> 思考与心得体会

学习情境二 服装市场细分

　　市场细分的概念是美国市场学家温德尔·史密斯（Wendell R. Smith）于1956年提出来的。按照消费者欲望与需求把因规模过大导致企业难以服务的总体市场划分成若干个具有共同特征的子市场，处于同一细分市场的消费群被称为目标消费群。它是第二次世界大战结束后，美国众多产品市场由卖方市场转化为买方市场，在这一新的市场形式下企业营销思想和营销战略的新发展，更是企业贯彻以消费者为中心的现代市场营销观念的必然产物。

学习情境二电子课件

课前任务

① 根据前期的调研，小组讨论不同的服装品牌服务的消费群体有哪些差异。
② 比较小组内不同的服装品牌的消费群体特点，分析这些品牌之间是否具有竞争关系，并说明理由。

学习目标

知识目标：掌握服装市场细分的基本概念、标准及意义，了解服装市场细分的方法与策略。

技能目标：能正确使用市场细分变量进行服装消费群体细分，能进行目标顾客的定位，并用合适的方法将品牌定位表达清晰。

素质目标：在开展服装市场细分的调研过程中，培养自身吃苦耐劳、勇于克服困难的优秀品质；在小组作业过程中，提升自己在小组活动中与他人合作沟通以及服务社会的职业能力。

学习任务

服装营销活动是"以顾客为中心"展开的，因此，了解顾客实际消费需求，更好满足顾客的消费需要非常重要。有效的市场细分，可以帮助我们了解不同消费群体的消费需求。所以本章的学习任务是以小组为单位，选取几个市场细分变量，对消费群体进行细分，对各细分群体进行准确表达，分析特点，并以此为基础，制定合理的差异化的营销策略。

一、市场细分的概念

市场细分指依据消费者的需要和欲望、购买行为和购买习惯等方面的差异，把某一产品的市场整体划分为若干个消费群体的市场分类过程。

每一个消费群体就是一个细分市场，每一个细分市场都由具有类似需求倾向的消费者构成，也称为子市场。

微课堂：市场细分的概念

二、服装市场细分的基础

1. 消费者需求的差异性

消费者需求的差异性是指不同的消费者之间的需求是不一样的。在市场上，消费者总是希望根据自己的独特需求去购买产品，我们根据消费者需求的差异性可以把市场分为"同质性需求"和"异质性需求"两大类。

同质性需求是指由于消费者需求的差异性很小，甚至可以忽略不计，因此没有必要进行市场细分。而异质性需求是指由于消费者所处的地理位置、社会环境、自身的心理和购买动机不同，造成他们对产品的价格、质量、款式上需求的差异性。这种需求的差异性就是市场细分的基础。

2. 消费者需求的相似性

在同一地理条件、社会环境和文化背景下的人们形成相对类似的人生观、价值观的亚文化群，他们需求特点和消费习惯大致相同。正是因为消费需求在某些方面的相对同质，市场上绝对差异的消费者才能按一定标准聚合成不同的群体。所以消费者需求的绝对差异产生了市场细分的必要性，消费需求相对同质性则使市场细分有了实现的可能性。

3. 企业有限的资源

现代企业由于受到自身实力的限制，不可能向市场提供能够满足一切需求的产品和服务。为了有效地竞争，企业必须进行市场细分，选择最有利可图的目标细分市场，集中企业的资源，制定有效的竞争策略，以取得和增加竞争优势。

三、服装市场细分的标准

服装市场细分是按照消费者市场细分的，通常情况下，组合运用有关变量来细分市场，而不是单一采用某一变量。概括起来，细分消费者市场的变量主要有地理变量、人口变量、心理变量、行为变量这四大类。以这些变量为依据来细分市场就产生了地理细分、人口细分、心理细分和行为细分四种市场细分的基本形式。

1. 按地理变量细分市场

即按照消费者所处的地理位置、自然环境来细分市场。例如，根据国家、地区、城市规模、气候、人口密度、地形地貌等方面的差异将整体市场分为不同的小市场。地理变量之所以可作为市场细分的依据，是因为处在不同地理环境下的消费者对于同一类产品往往有不同的需求与偏好，他们对企业采取的营销策略与措施会有不同的反映。

2. 按人口变量细分市场

即按人口统计变量，如年龄、性别、家庭规模、家庭生命周期、收入、职业、受教育程度、宗教、种族、国籍等为基础细分市场。

性别：由于生理上的差别，男性与女性在产品需求与偏好上有很大不同，例如在服饰、发型、生活必需品等方面均有差别。

年龄：不同年龄的消费者有不同的需求特点，例如青年人对服饰的需求与老年人的需求就有差异。青年人需要鲜艳时髦的服饰，老年人则需要端庄素雅的服饰。

收入：低收入和高收入消费者在产品选择、休闲时间的安排、社会交际与交往等方面都会有所不同。

职业与教育：消费者职业的不同、所受教育的不同也会造成所需产品的不同。例如，农民购买自行车时偏好可载重的自行车，而学生、教师则喜欢轻型、样式美观的自行车。

家庭生命周期：一个家庭，按年龄、婚姻和子女状况，可分为单身、新婚、满巢、空巢和孤独五个阶段。在不同阶段，家庭购买力、家庭成员对商品的兴趣与偏好也会有很大的差别。

3. 按心理变量细分市场

即根据消费者所处的社会阶层、生活方式、个性特点等心理因素细分市场。

社会阶层：指在某一社会中具有相对同质性和持久性的群体。处于同一阶层的成员具有类似的价值观、兴趣爱好和行为方式，不同阶层的成员对所需的产品也各不相同。识别不同社会阶层消费者所具有的不同特点，将为很多产品的市场细分提供重要依据。

生活方式：消费者追求的生活方式的不同也会影响他们对产品的选择。例如有的人追求新潮、时髦，有的人追求恬静、简朴，有的人追求刺激、冒险，有的人追求稳定、安逸。西方的一些服装生产企业为"简朴的妇女""时髦的妇女""有男子气的妇女"分别设计不同的服装就是依据生活方式细分市场。

个性特点：指一个人比较稳定的心理倾向与心理特征，它会造成一个人对其所处环境做出相对一致和持续不断的反应。一般来看，个性会通过自信、自主、支配、顺从、保守、适应等性格特征表现出来。因此，个性可以按这些性格特征进行分类，从而为企业细分市场提供依据。在西方国家，对诸如化妆品、啤酒、保险之类的产品，一些企业以个性特点为基础进行市场细分并取得了成功。

4. 按行为变量细分市场

即根据消费者对产品的了解程度、态度、使用情况及反映等将他们划分成不同的群体。很多人认为，行为变量能更直接地反映消费者的需求差异，因而成为市场细分的最佳起点。

四、服装市场细分的意义

1. 有利于选择目标市场和制定市场营销策略

市场细分后的子市场比较具体，比较容易了解消费者的需求。企业可以根据经营思想、方针、生产技术和营销力量，确定自己的服务对象，即目标市场。针对较小的目标市场，便于制定特殊的营销策略。同时，在细分的市场上，容易了解和反馈信息，一旦消费者的需求发生变化，企业可迅速改变营销策略，制定相应的对策，以适应市场需求的变化，提高企业的应变能力和竞争力。

2. 有利于发掘市场机会，开拓新市场

通过市场细分，企业可以对每一个细分市场的购买潜力、满足程度、竞争情况等进行分析对比，探索出有利于本企业的市场机会，使企业及时做出新的计划，开拓新市场，以更好适应市场的需要。

3. 有利于集中人力、物力投入目标市场

任何一个企业的资源、人力、物力、资金都是有限的。通过细分市场，选择适合自己的目标市场，企业可以集中人、财、物及资源，去争取局部市场上的优势，然后再占领自己的目标市场。

4. 有利于企业提高经济效益

前面三个方面的作用都能使企业提高经济效益。除此之外，通过市场细分后，企业可以面对自己的目标市场，生产出适销对路的产品，既能满足市场需要，又可增加企业的收入。产品适销对路可以加速商品流转，全面提高企业的经济效益。

五、服装市场细分的步骤

① 选定产品市场范围。企业应明确自己在某行业中的产品市场范围，并以此作为制定市场开拓战略的依据。

② 列举潜在顾客的需求。可从地理、人口、心理等方面列出影响产品市场需求和顾客购买行为的各项变量。

③ 分析潜在顾客的不同需求。企业应对不同的潜在顾客进行抽样调查，并对所列出的需求变量进行评价，了解顾客的共同需求。

④ 定位目标市场后，需要采用合适的方式进行表达，市场细分的表达方式主要有两种：文字表达式和图片表达式。

⑤ 制定相应的营销策略。调查、分析、评估各细分市场，最终确定可进入的细分市场，并制定相应的营销策略。

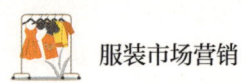

注意：细分的依据不同，市场细分的结果也不同，所以细分的结果并不是唯一的；应该尽可能让同一子市场需求倾向类似，也只有这样的细分才是相对有效的。

六、服装市场细分的策略

根据各个细分市场的独特性和企业自身的目标，共有以下三种目标市场策略可供选择。

1. 无差异市场营销策略

指只用一套市场营销办法来招徕顾客，当断定各个细分市场之间差异很少时可考虑采用这种市场营销策略。

2. 密集性市场营销策略

指将一切市场营销努力集中于一个或少数几个有利的细分市场。

3. 差异性市场营销策略

指根据各个细分市场的特点，相应扩大某些产品的花色、式样和品种，或制订不同的营销计划和办法，以充分适应不同消费者的不同需求，吸引各种不同的消费者，从而扩大各种产品的销售量。

优点：在产品设计或宣传推销上能有的放矢，分别满足不同地区消费者的需求，可增加产品的总销售量，同时可使公司在细分市场上占有优势，从而在消费者中树立良好的形象。

缺点：会增加各种成本，如增加生产费用、管理费用、储存费用。

实训任务

实训一

服装市场细分标准的选择

1. 实训的准备与安排

① 实训类型：仿真实训。
② 实训地点：按照实际的调研内容选择校内或校外开展。
③ 实训准备：笔记本电脑、无线网络。

2. 实训内容

使用某一市场细分变量对特定的消费群体进行市场细分，调查每一个细分市场的特点，并描述其特征。

服装市场细分的表达

1. 实训的准备与安排

① 实训类型：仿真实训。
② 实训地点：按照实际的调研内容选择校内或校外开展。
③ 实训准备：笔记本电脑、无线网络。

2. 实训内容

根据细分后每一个细分市场的特点，使用文字和图片相结合的方式将每个细分市场的特征表达出来。

服装差异化营销策略的制定

1. 实训的准备与安排

① 实训类型：仿真实训。
② 实训地点：按照实际的调研内容选择校内或校外开展。
③ 实训准备：笔记本电脑、无线网络。

2. 实训内容

使用某一市场细分变量对特定的消费群体进行有效的市场细分，在分析每一个细分市场特点的基础上，对不同的消费群体制定差异化营销策略。

知识与能力拓展

老年服装品牌差异化营销

党的二十大报告提出，"实施积极应对人口老龄化国家战略，发展养老事业和养老产业"。随着中国逐步进入老龄化社会，关注并满足老年人这一服装市场细分群体显得愈发重要。老

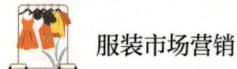

年群体在体形、审美、消费习惯等方面与其他年龄群体有着非常明显的差异，这意味着需要采用差异化营销策略开展老年服装品牌开发，才能有效满足老年群体的服装需求。

　　思考一下，你认为开展老年服装品牌差异化营销活动可以从哪些方面出发？记录在下面。

思考与心得体会

学习情境三　服装卖场陈列分析

　　服装陈列在服装销售过程中有着举足轻重的作用，通过各种陈列形式可以使静止的服装变成顾客关注的目标。现在的顾客大多对漂亮的东西感兴趣。同样一件衣服，杂乱地挂在一起和整齐有序地陈列，给顾客的感觉肯定是不一样的；甚至陈列在不同的位置，带来的销量也是不同的。陈列还可以营造购物氛围。实体店相对于网店来说，最大的优势就是体验，也就是购物氛围。陈列设计师通过对色彩、道具、灯光、背景音乐等综合设计，将商品陈列空间打造成目标顾客群体梦想的生活方式场景，除了能更好地烘托商品的价值之外，还使顾客有身临其境的感觉，产生联想，从而激发购物欲望。

学习情境三电子课件

课前任务

假设你是一个卖桃的果农,现在你有一箩筐的桃子。桃子的个头大多很大,只有少数几个小一点,都是刚采摘下来的,非常新鲜。现在你要将这一箩筐的桃子放在你的水果摊上出售,在桃子的摆放上,会采用哪些方法突出桃子的特点以便促进销售?

提示:桃子的个头有大小区别;这些桃子都非常新鲜;从色彩方面吸引顾客的注意力。

① 陈列方式:突出重点,将大的桃子放在上面,将小的放在下面。

② 产品鲜度:为了突出水果的鲜度,用几片桃叶来强调桃子是刚刚采摘下来的,并用水滴增加水果的新鲜感。

③ 色彩排列:采用对比色的形式,用绿色来衬托红色的桃子,使桃子显得更加鲜艳。

虽然店铺中陈列和展示有很大的作用,但并不是做好了陈列设计后服装销售业绩就一定会提升,必须平衡营销活动的其他方面,才能达到预期的效果。

学习目标

知识目标:能明确区分实际陈列中 PP、VP、IP 三大基础概念,陈列设计中各陈列要素,以及不同陈列道具的应用场景。

技能目标:灵活运用服装陈列原则、要素等进行陈列设计,保证整个服装陈列设计的有效性。

素质目标:能对现有的某一服装品牌陈列进行专业分析,提升对服装店铺陈列设计中"美"的认识,提升审美能力,培养尚美强技、精益求精的职业精神。

学习任务

繁荣服装品牌、发展文化事业需要构筑服装品牌价值和文化内涵,其中非常重要的任务是提升品牌的审美意识,真正理解并发展中华传统文化,从而构筑具有强烈吸引力的服装品牌美学。所以本章的学习任务是从陈列形式、色彩、元素等角度出发,完成服装陈列任务,在实际案例中运用和落实美学原则。要求小组成员运用相关的美学原则进行服装店铺陈列设计,并对自己组的陈列设计进行分析,讨论设计的优点和不足,并进行小组汇报交流。

一、服装陈列的概念

VP（visual presentation）：主题陈列，是全店最大的氛围景观，注重情景氛围营造，强调主题。VP是吸引顾客第一视线的重要演示空间，指展示台和橱窗，有人也会把它称为整个店铺在商圈里的展示区。概念上类似于磁石点。

微课堂：企业导师谈服装陈列

PP（point of sales presentation）：要点陈列，也叫售点陈列，讲究搭配。PP是顾客进入店铺后视线主要集中的区域，是商品卖点的主要展示区域。如高架的正挂展示或搁板上的服装展示。有人也会把它叫视觉冲击区。

IP（item presentation）：单品陈列，以商品摆放为主。IP是主要的储存空间，也是顾客最后形成消费必要触及的空间。有人会把它叫容量区。

二、服装陈列的功能要素

从陈列的整体考虑，重要的功能要素包括：主题、焦点、平衡、比例、构成、色彩、重复、容量、空间规划、共识惯例、序列化及人体工程原理等。它们综合运用于陈列的基本操作过程中。采用这些原则可从整体角度安排各系列化的产品，给予特色产品最显著的位置，将不同类型的产品相搭配及处理色彩搭配等。形式精练而内涵丰富的整体展示目的只有一个，即让可能的销售尽快达成。

主题：从整个店铺的陈列效果中，可以让顾客感到一个品牌的品牌文化，也就是一个品牌的风格、产品定位及市场定位等。主题应随着季节、促销活动的变化而变化。在季节变化时，从整个店铺的陈列效果中能让顾客很清楚地知道当季的主推产品以及主推颜色；在不同的促销活动中，能使顾客很清楚地知道本次促销活动的具体内容。

焦点：每一个展示面上，率先吸引注意力的视点即为焦点，比如整个店铺中的焦点即为收银台后的形象标志牌。焦点通常位于视平线或视平线的上方，色彩对比强烈的POP（point of purchase）宣传画或产品的组合往往被设定为焦点。它可有序地引导，吸引顾客的注意力，并起一定的呼应和提点的视觉作用。每个展示务必设定焦点，突出主题。焦点通常用系列产品中有代表性的某些款式，再辅以产品和POP宣传画。

色彩：有序的色彩主题可给整个卖场带来主题鲜明、井然有序的视觉效果和强烈的冲击力。陈列中较多运用色彩对比设定为焦点或营造货品陈列的色彩渐变效果，产生韵律、协调和层次感，并使顾客轻易锁定目标商品。

平衡：符合人们心理取向，引致视觉上的和谐舒展、稳定有序和简洁明了。采用平衡的原则可有条不紊地布置产品，传递一致性的视觉效果。平衡原则贯穿整个墙面及背板，组合陈列应注意产品系列关联性。

容量：有效地掌握和控制单位面积或货架的陈列数量、卖场销售容量、库存容量，能高效利用空间，形成统一明了的序列和视觉印象，使卖场产品不会太稀疏或太过拥挤，做到疏密有致，有效提高产品周转率。

比例：合理的比例有利于完善系列化产品展示的整体形象，掌握销售节奏，合理布局并把握销售动态。比如：卖场POP、物料展示与产品陈列各所占空间比例以2∶8为宜；卖场展示产品容量与库存容量以6.5∶3.5为宜等。

重复：重复可营造视觉趣味，突出连续和色块效果，注重统一和对比，同时高效利用空间，形成强烈视觉冲击力。此原则适用于主推产品或新季产品的展示，尤其应注重实际操作中的重复曝光效应（Mere Exposure Effect）。比如：同一款服饰采用不同出样方式，模特展示、正挂和配搭法同时出样，突出重点，最大限度强化自身形象。

人体工程原理：对空间布局、灯光设置、流向引导、尺寸比例等合理进行陈列。店铺中货架距离相隔不得小于120厘米，顾客进门后的流向引导顺畅方便，并能接触尽可能多的产品；店内光线充足，无暗处与耀眼灯光；产品摆放尽可能考虑顾客购物习惯，能最大限度拉近顾客与产品的距离，引发顾客消费欲望。

三、服装陈列的道具

1. 服装卖场中的收银台

这是供导购开票、收银用的。收银台要放在不影响顾客浏览、选购商品的地方，是整个卖场空间的重要组成部分。

设计时要与陈列柜协调一致、相辅相成，起着装点卖场、规范化的作用；另外，可以储存资料和便于结账。顾客从大门进入后，能够将卖场全部转遍，最后到达收银台，这是最理想的布局。因此，应该根据主通路的设置以及磁石商品的陈列位置，将收银台设置在客流的延长线上。实际操作中，不一定能按照最理想的位置进行设置，要根据卖场的实际情况进行设计与安排。

2. 服装卖场中的陈列架

陈列架的高度应方便顾客浏览及取货。宽度以放置货品合适为宜，如有特殊需要可定制。

（1）高架（柜）

高架（柜）又称边架（柜），通常沿墙摆放，由于其有较大的空间，因而有叠装、侧挂、正挂等多种陈列形式，能比较完整地展示成套服装的效果。由于其高度在人的有效视线范围内，通常卖场中高架上的服装要比其他形式货架上的服装销售额要高。顾客的有效视线范围和取放服装的便捷性是确定高架高度的主要因素。另外，一些中、低档价位休闲装品牌还需要考虑货架的储货率，因此其高架的高度通常比高价位的服装品牌要高。

（2）低架（柜）

低架（柜）泛指放置在卖场中高度相对较矮的货架。由于其通常放置在卖场的中部，所以也称为中岛架。低架的种类包括陈列服装和饰品的低柜、风车形低架、圣诞树形低架等形式。

3. 服装卖场中的展示台

展示台由人为设置的空间结构组成，它起着"画龙点睛"的作用，常常形成视觉中心和营造气氛的"主角"。展示台往往成组摆放，高30～90厘米，展示台的高度和服装的档次成反比。

展示台有台几式和低柜式两种，前者主要用于摆放展品、装饰品、宣传手册等，后者还可以用于商品的储存。展示台的运用主要考虑材料的类型、高度、尺寸、造型、颜色、结构特点等。

4. 服装卖场中的展示模特

展示模特被服饰业用来展示新流行的服装款式或色彩，可以分为具象型和抽象型两种。为了介绍商品和提高商品的价值，人们可以根据不同目的选用具象型和抽象型的模特。

仿真模特：又称拟人模特。由于其酷似真人，所以适合橱窗展示、店内主题性展示以及需要营造氛围的展示。

雕塑模特：常见的有黑、白、灰色等，形象类似艺术雕塑，所以比较抽象、冷峻，不像仿真模特那样具有生命感。由于此种模特能突出商品本身，因此适用于代表性商品。

抽象模特：只有人体的三围，甚至只是和一般的衣架结构类似。

5. 服装卖场中的试衣镜

在服装店经营中镜子起着重要的作用，服装店一般都会选择特制的镜子，这些镜子的铁元素含量、镜子的隐藏曲线都与家用的镜子不同。铁元素可以使皮肤产生微弱的绿色色调，这会使皮肤看起来更为健康自然。隐藏的曲线和镜框的设计，也会拉伸整体线条，让人看起来更好看。

试衣镜的摆放要求：

① 有独立镜框。如果空间允许，店内一定要选择有独立镜框的镜子，长度在两米或以上，宽度在50～70厘米之间。试衣镜要倾斜摆放，这样能够起到拉长身形的视觉效果，也能让镜子里的人看起来更好看。如果店内空间较为狭窄，那就选择贴在墙面上的镜子，这种镜子也需要选择有镜框的镜子，才能保证不变形。

② 光线明亮处。镜子要摆放在明亮处。光线明亮的地方，顾客照出来的气色、效果更好，整体购物体验也更舒心，这能促进销售。

③ 灯光充足处。镜子照出来效果好不好，和灯光也有很大的关系。即使在足够明亮的地方，恰到好处的灯光照射，也能让人照出来身材更苗条、皮肤更好。尤其是在当下灯具越来越多样的情况下，不同光色的灯光与镜子的组合，都有着大学问。服装店在摆放镜子、选择镜子时，也绝对避不开这一要点。

服装销售店铺必须配备试衣镜，试衣镜的数量与服装的销量有关。一般情况下设置1～2个，量贩式服装店则需多设置几个。试衣镜可以安放在试衣间里，但是一般来说，不考虑在试衣间内放置大的全身镜。原因主要有两个：一是试衣间内一般光线不太好，试衣的效果也会大打折扣，降低顾客的购买欲望；二是试衣间内如果有大的全身镜，很多顾客会在试衣间内进行自主选择，导购服务较难开展，推荐其他款的服装也不是很方便。因此，更建议在试衣间内设置小的半身镜，顾客可以用来简单整理发型，而在试衣间外面设置大的全身镜，方便导购服务。

四、服装陈列的原则

服装陈列具有美感是非常重要的，不可以忽视，不然就会影响营销工作的成效。有以下原则需要遵循。

1. 典型原则

所选服装的式样、颜色、质地等应该能代表同类服装的精华，展示的元素应该是最具典型美感的元素。图 3-1 通过中式的家具、屏风、盆景等典型元素进行陈列设计，与陈列展示的中国传统的服装（旗袍）共同传达了中国风主题。

图3-1　典型原则案例

2. 和谐原则

展示和陈列设计在策划上要前后统一。必要的时候要通过重复强化的方法，加深顾客群体对品牌的记忆和理解。例如，服装品牌赞助电视剧中的剧服，通过媒体重复强化了自己的品牌，加深了顾客群体对品牌的印象。

3. 生动原则

在服装的陈列展示中，可以将某些场景通过陈列设计"复制"到店铺中，让顾客有身临其境的感觉。图 3-2 的店铺设计参考了婚礼场景中的元素，给人一种走入婚礼现场的感觉，非常生动形象。

图3-2　生动原则案例

实训任务

卖场陈列的功能要素中一个非常重要的设计就是重复。重复可营造视觉趣味，突出连续和色块效果，注重统一和对比，同时高效利用空间，形成强烈视觉冲击力。特别适用于主推产品或新季产品的展示，尤其应注重实际操作中的重复效应。比如：同一款服饰采用不同出样方式，模特展示、正挂（参见学习情境五）和配搭法同时出样，突出重点，最大限度强化自身形象。

实训一

卖场陈列中的形式重复

1. 实训任务

使用仿真实训课件，使用相关物品完成一个形式重复的货架陈列。

2. 实训理论

形式重复：将商品有规律地反复排列，使其具有统一、整齐的美感。图 3-3 "吊灯＋背景画＋展台"的组合方式称为陈列形式，如果将这种形式进行重复，它就是形式重复。在形式重复的情况下，可以考虑局部细节的变化，例如图 3-3 中背景画的图案产生了变化，整个陈列效果就显得更为生动。

图3-3　形式重复案例

卖场陈列中的色彩重复

1. 实训任务

使用仿真实训课件，使用相关物品完成一个色彩重复的货架陈列。

2. 实训理论

色彩重复：侧挂出样的时候将陈列的产品按照一定的色彩规律重复。图 3-4 中两个陈列架中服装的颜色按照"紫—青—黄"的顺序重复出现，就是使用了色彩重复。

图3-4　色彩重复案例

卖场陈列中的元素重复

1. 实训任务

使用仿真实训课件，使用相关物品完成一个元素重复的货架陈列。

2. 实训理论

元素重复：给人很强的系列感，主要涉及面料、材质等方面的重复，特别适合设计感很强的产品展示。图3-5中陈列架上的几件服装都使用了相同的面料和花纹，就是使用了元素重复。

图3-5 元素重复案例

知识与
能力拓展

优秀案例展示：中华传统文化元素在服装店铺中的设计应用

东方概念传达方式：民间的老家具、明代风格的产品陈列桌、中式风格的墙面和装饰画等中华传统文化元素都直接或间接体现出东方文化的内涵。

通过实际案例可以看出,在实际的店铺营销策划中,东方元素是能有效体现中国特色的陈列展示元素(图3-6~图3-11)。在应用东方元素时,应该结合各种美学原则相互交融和混合使用,往往是"你中有我,我中有你"。

图3-6 服装店铺布局

图3-7 中华传统文化元素应用案例1

图3-8 中华传统文化元素应用案例2

图3-9　中华传统文化元素应用案例3

图3-10　中华传统文化元素应用案例4

图3-11　中华传统文化元素应用案例5

　　在实际使用中应该在理解的基础上灵活使用，才能形成理想的具有中国特色的店铺营销策划方案。通过以上案例，你在服装品牌营销活动中应用中华传统文化元素有什么启发？记录在下面。

思考与心得体会

 # 服装卖场色彩管理

　　俗话说"远看色，近看花"，也就是说，当人们在远处看到一件服装时，最先映入人们眼帘的是服装的色彩，走近了才能看清服装的花纹。当人们观察一个物体时，在最先的几秒中人们对色彩的注意要多些，而对形体的注意要少些，过一会儿后，对形体和色彩的关注度才各占一半。所以就吸引消费者这一点来说，色彩是卖场管理中非常重要的因素。

学习情境四电子课件

课前任务

小组讨论：图 4-1 中的陈列架在颜色运用上有什么特点？

图4-1 陈列架案例

学习目标

知识目标：明白服装卖场色彩管理的重要性，掌握色彩的不同属性，了解服装卖场色彩管理的原则和技巧。

技能目标：运用不同色彩陈列方法开展服装卖场色彩设计。

素质目标：提升服装卖场管理中的色彩审美意识和创新突破精神，在小组任务中培养团队责任感与担当意识，树立诚实守信、甘于奉献的岗位职业精神。

学习任务

构建起富含本土美学思想与元素的服装品牌文化，这要求服装营销人员本身具备良好的美学素养，只有这样，由他们所构建的服装品牌内核才是包含美的。本章会帮助大家整理基础的色彩学知识，掌握使用明度陈列、间隔陈列、彩虹陈列进行服装卖场的色彩展示，结合市场调研了解在实际服装品牌中是如何灵活应用色彩的。

一、服装卖场色彩的属性

1. 色彩的相关名词

（1）色相、明度、纯度

色相：指色彩的名称。

明度：指色彩的明亮程度。

纯度：是指原色在色彩中所占据的百分比。

微课堂：服装卖场色彩的属性

（2）冷色、暖色、中性色

色彩学上根据心理感受，把颜色分为冷色调（青、蓝、紫等）、暖色调（红、橙、黄等）和中性色调（黑、灰、白）。

（3）类似色和对比色（两种或两种以上颜色）

类似色：色环中排列在 60° 之内的两种色彩。

对比色：色环中成 110°～180° 的两种色彩。

2. 色彩的三种感觉（由明度、冷暖属性形成的感觉）

（1）冷暖感

暖色系会令人产生热情、明亮、活泼、温暖等感觉；

冷色系会令人产生安详、沉静、消极等感觉。

（2）轻重感和面积感

明度高的颜色令人感觉较轻，有膨胀感；

明度低的颜色令人感觉较重，有收缩感。

（3）空间感

明度高的颜色有前进感；

明度低的颜色有后退感。

二、服装卖场色彩管理的原则

1. 同色系原则

每个陈列区域都有自己的主色调。款式不同的衣服，也要按照同色系的方法陈列，减少突兀感。图 4-2 陈列架中相同款式的衣服很少，但衣服的颜色都属于邻近色。

图4-2 同色系原则案例

2. 对比色系原则

有些颜色的衣服数量过多,没有办法按照同色系原则陈列,不如直接采用对比色系原则进行陈列,将"另类服装"凸显出来。

3. 呼应原则

指的是"另类衣服"上的某些颜色能够与某些元素互相搭配,起到点缀的作用,让人感到"故意为之"。图4-3衣架上最右侧的花裙显得十分另类,在左边下方放置两个同花色的包包后,整体就会比较协调。

图4-3 呼应原则案例

三、服装卖场色彩管理的技巧

1. 主色调秩序

主色调秩序运用的就是同色系原则。在一个陈列面中有主色调,这个基调色就起到了连接整个陈列面或者是整组商品的作用,使之具有整体视觉效果。

运用范围:主要运用于橱窗、模特展示、侧挂与叠装、配饰品展示、流水台展示、大的陈列面等。

2. 隔离色秩序

在两种配色中,插入一种分离色,达到色彩调和与平衡的作用。

运用范围:通常运用于3组陈列空间,可以是整组模特或是侧挂的隔离,也可以是上隔离、下隔离、斜线交叉等。

3. 渐变色秩序

渐变色秩序指色调有层次、分阶段性地自然推进变化。方法有彩虹渐变、冷暖色渐变、无彩色到有彩色渐变等。

运用范围:主要应用于橱窗、侧挂(根据货品色彩结构决定)、货柜展示中 IP 产品的色彩渐变。

4. 重复色秩序

运用两种以上的色彩,按一定的秩序来排列,从而增加协调感。

运用范围:主要应用于4组陈列空间、橱窗、模特展示等。

色彩陈列一般步骤(适用于服装数量较少且没有明显系列的情况):

① 先将商品的色彩进行分类;
② 规划好各个陈列柜的主色调;
③ 将主要色彩放进去;
④ 将不成系列的颜色放进去;
⑤ 再调整色彩的排列;
⑥ 撤掉破坏色彩的部分;
⑦ 完成。

总之,卖场的色彩就是通过稳定感与节奏感的交替出现为顾客弹奏了一首乐曲。服装不仅有色彩的变化,还有服装长短、厚薄、素色和花色的变化,同时还有间隔件数的变化。学会用眼睛来"听",好的陈列师服装卖场色彩陈列的节奏是非常优美的。

 服装市场营销

实训任务

服装卖场色彩仿真实训1

1. 实训任务

使用下面两个仿真实训课件（图4-4、图4-5），使用相关物品完成下列陈列任务。

图4-4　服装卖场色彩仿真实训示意图1

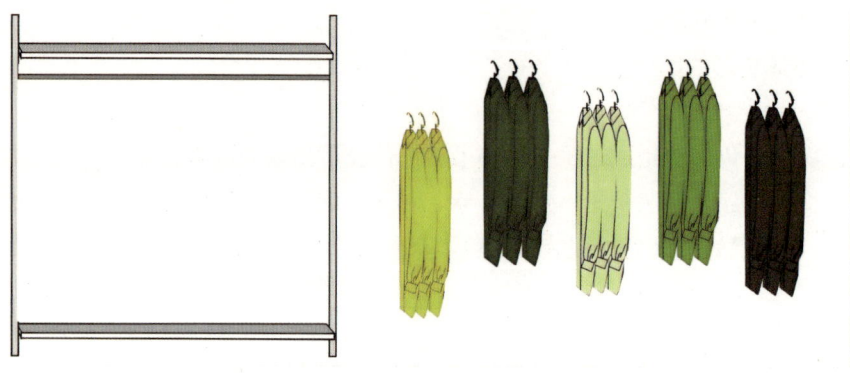

图4-5　服装卖场色彩仿真实训示意图2

36

2. 实训理论

按照明度的变化进行货品的陈列，以获得良好的陈列效果。

服装卖场色彩仿真实训2

1. 实训任务

使用仿真实训课件（图4-6），使用相关物品完成下列陈列任务。

2. 实训理论

按照色彩的间隔进行货品的陈列，以获得良好的陈列效果。

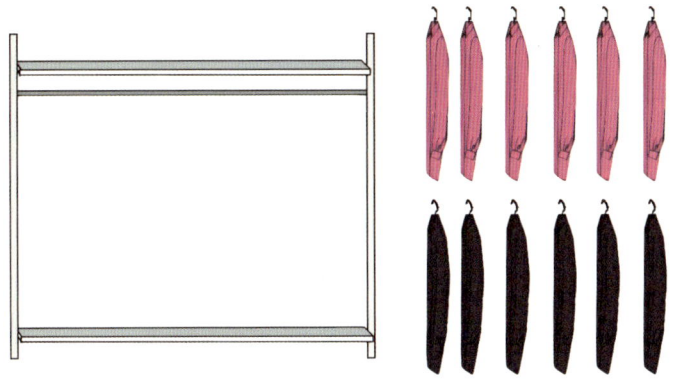

图4-6　服装卖场色彩仿真实训示意图3

服装卖场色彩仿真实训3

1. 实训任务

使用仿真实训课件（图4-7），使用相关物品完成下列陈列任务。

2. 实训理论

按照色彩变化规律进行货品的陈列，以获得良好的陈列效果。

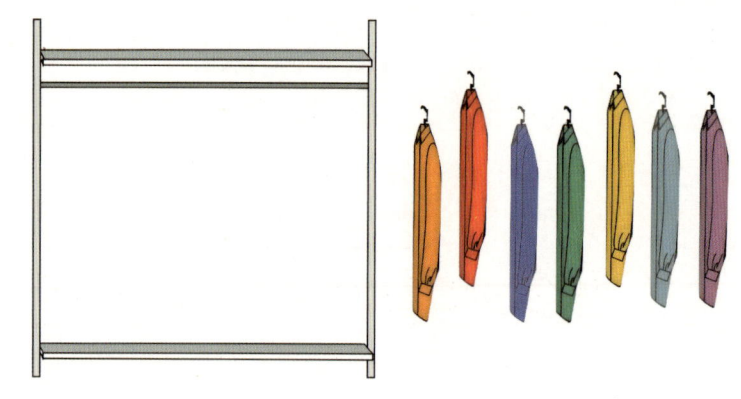

图4-7 服装卖场色彩仿真实训示意图4

知识与能力拓展

服装品牌色彩陈列调研

加强对国内服装品牌的了解,有助于我们了解现今国内的服装市场,同时优秀的服装品牌也能很好提升我们对于国内服装品牌发展的信心。通过调研,结合所学内容,分析国内优秀的服装品牌在陈列色彩上是如何设计的,请结合调研图片进行具体分析。

小组通过实地或者网络调研,找出国内某一服装品牌中能体现下列色彩陈列的实际案例图片:①货架或卖场陈列色块(写出色块的主颜色以及包含的颜色);②明度陈列或间隔陈列的图片;③分析色彩运用的特点。

 实训过程

① 调查网络店铺或是实体店铺,找出相关图片。
② 形成初稿。
③ 和教师交流讨论,教师给出参考意见。
④ 修改,将相关策划内容制作成PPT。
⑤ 作业展示与汇报。
⑥ 完善并上交作业。

能力拓展:企业实例
——单杆陈列示范

学习情境五　服装卖场货架管理

　　服装店铺内的货架是最常用来进行服装陈列展示的，直接关系到顾客挑选服装、搭配服装、购物体验的结果，其中也包含了很多的人体工学、美学等原理。要想做好服装卖场货架的管理是要我们花费大量时间和精力的，并不是一件容易的事情。

学习情境五电子课件

课前任务

① 通过网络等渠道，收集不同服装品牌卖场货架陈列的效果图，并进行小组内的初步讨论与分析。

② 选取某一类型的服装（运动装、休闲装等）品牌，收集合适的陈列货架效果图片。

③ 选取前面同一类型的服装（运动装、休闲装等）品牌，收集合适的陈列物品（包括服装、包、配饰等）。

学习目标

知识目标：掌握服装陈列货架平衡对称、多样化、系列化陈列的概念，了解正挂、侧挂、叠装陈列的特点。

技能目标：能够使用不同的陈列方法，结合人体工学的原理进行货架陈列。

素质目标：从"以人（顾客）为本"的原则出发，树立尊重他人的精神品质与营销服务意识，不断提升职业美学审美能力，形成为求完美不辞辛苦的职业精神。

学习任务

现今的服装市场要求营销人员"以顾客为中心"，关注顾客在服装消费过程中的消费行为特点，设计出符合消费行为特点的服装店铺陈列。从美学角度出发，设计出具有美感的店铺陈列，有效提升品牌服装层次和销量。所以本章的学习任务是在服装卖场货架管理中，能使用人体工学和美学原理，具体实现服装陈列货架平衡对称、多样化、系列化陈列。

知识准备

一、正挂的特点与技巧

正挂就是将服装以正面展示的一种陈列形式。

课前思考小案例

1. 特点

① 能进行上装、下装和饰品的搭配展示,强调商品的款式、细节、风格和卖点,吸引顾客购买。

② 取放比较方便,可以作为顾客试衣用的样衣。

③ 正挂的挂钩上可同时挂几件服装,既有展示作用,也有储货作用。正挂陈列兼顾模特陈列和侧挂陈列的优点,能弥补侧挂陈列不能充分展示服装、模特陈列易受场地限制的缺点,是目前服装店铺重要的陈列方式之一。

2. 正挂技巧

① 衣架款式统一,挂钩一律朝左,方便顾客取放。

② 可进行单件的服装陈列,也可进行上、下装的搭配。上、下装搭配陈列时,上、下装的套接位置一定要到位。要有动态感,吊牌不可外露。

③ 要考虑相邻服装的风格以及服装长短的协调。

④ 如有上下平行的两排正挂,通常将上装挂上排,下装挂下排。

⑤ 可多件正挂的挑杆,应3件或6件同时出样;同款、同色的尺码由外至内、从大到小排列。

二、侧挂的特点与技巧

侧挂是将衣服以侧面挂在货架上的一种陈列形式,它属于IP范畴。

1. 特点

可以陈列较多数量的服装,但是服装的展示效果没有正挂陈列好。

2. 侧挂技巧

(1) 控制侧挂的色彩数量

好的视觉效果会使顾客有一个清晰的色彩印象。所以视觉印象不宜过多,一种色彩或者两种色彩即可,若太多色彩视觉效果就混乱了。

控制色彩的方法:①先将服装的色彩进行分类;②规划好各个陈列柜的主色调;③将主要色彩挂进去;④将搭配的颜色挂进去;⑤再调整色彩的排列,微调位置和数量;⑥撤掉破坏色彩的部分。

(2) 控制侧挂的元素种类

同组侧挂中的元素不宜超过3个，太多了就没有重点，会给顾客增加消费成本，从而降低选购率。

① 考虑联想功能。侧挂陈列不仅要注意色彩的组合和变化，还要让顾客不容易厌倦。通常顾客会在浏览后选择试穿，所以在侧挂中要考虑到"联想"的功能，将关联产品适当陈列，既可以调节节奏，也可以起到连带销售的作用。

② 考虑便利性。侧挂陈列按成套搭配的方式挂，内搭、外套、下装为一个组合，这样的好处是能快速找到合适的搭配。不光有益于顾客挑选，更便于销售人员做联单。

保持货品之间有足够的空隙，保证顾客拿取方便。以一个侧挂杆为例，要遵守2/3陈列量的原则，用单手将商品推向一边，以能空出1/3空间最适当。

三、叠装的特点与技巧

叠装陈列指的是通过有序的服装折叠，把商品在流水台或高架的平台上展示出来的一种陈列手法。

1. 特点

整齐划一的叠装陈列能给人一种舒适感，不仅能有效地节约空间，还能增加门店陈列的立体感和丰富性，让人觉得门店的货量很足。

2. 叠装技巧

① 同季、同类、同系列商品陈列于同一区域单元。

② 拆去包装，薄装每叠4件，厚装每叠3件，冬装每叠4~6件为宜。

③ 每叠服装相隔摆放的距离为10~13厘米，避免间隔太窄或者太宽。

④ 有效陈列高度应为60~180厘米，避免60厘米以下的叠装展示。

⑤ 上衣类折叠后的长宽比例约为1∶1.3，显露胸前标志，有图案的服装折后应整齐相连，挂牌等物品应藏于衣内。

⑥ 下装经折叠后应展示后袋、腰部、胯部等部位的工艺细节和特征。

⑦ 层板上折叠陈列的同款同色的服装，从上至下尺寸应从小到大，层板之间陈列商品的上部应留1/3的空间。

⑧ 若缺货或断色，可找不同款式但同系列且颜色相近的货品垫底。

⑨ 每叠服装需基线平直，肩位、襟位、褶位等齐整，休闲西裤折后的裤线应在一条纵线上。

⑩ 色块渐变序列应依据顾客流向，自外场向内场、由浅至深、由暖至冷、由明至暗摆放。

3. 叠装的注意事项

① 避免滞销货品的单一叠装展示，应考虑在就近位置搭配重复挂装展示。

② 在叠装区域附近，应尽量设置模特（PP）展示效果，并配置宣传海报（POP）。

③ 在各展示区域内，需注意叠装色块的间隔、渐变和对比，可运用彩虹排列法或间隔排列法进行陈列。

④ 叠装服装的相关配饰，应就近挂放在叠装周围，便于附加推销。比如：帽子应该按照

帽檐从小到大、由上到下进行叠放；形状不规则的帽子可采用悬挂方式；鞋子的吊牌要放在鞋子里面，扣上鞋扣，系好鞋带；围巾则要熨烫平整，可配合模特或正挂搭配展示，也可挂放在饰品墙，用适当的细节手法，增强展示效果；包包里要塞满填充物，使其保持原样，包带应整理整齐，吊牌不可以外露，拆除在背带、拉链扣上的包装纸。

⑤ 叠装的衣服避免在店铺的死角、暗角展示，应该经常调换陈列货品的位置，比如同一区域的叠装上下左右调换，或者不同区域互相调换，以免造成滞销。

⑥ 过季或减价货品叠装应规划有独立区域，并以专门器架陈列展示，同时配置明确的海报。

服装货架仿真实训（人体工学原理）

1. 实训任务

使用仿真实训课件，依据人体工学原理将相关物品放入货架中完成陈列。

2. 实训理论

人体工学原理：按照人体工学的原理，陈列架下方陈列的服装比较方便拿取，因此下方比较适合侧挂。人的视平线一般更容易观察陈列架上半部分，同时正挂也有更好的展示效果，因此正挂适合在货架的上方。以此为依据，陈列架可以分为展示区（正挂）、焦点区（有些货架也会不设置焦点区）、容量区（侧挂），如图5-1所示。

图5-1 陈列架分区

线的一致性原理：由于同一品牌面对的是同一顾客群体，因此在不同货架的三个区域的设置上，应该保证高度都在同一水平线上，称为线的一致性（图5-2）。此外，如果不同货架三个区域内有局部陈列，若能将高度设定在同一水平线上，也可以保证陈列效果的整齐划一。

图5-2　线的一致性原理

服装货架仿真实训（平衡对称原理）

图5-3　平衡对称原理

1. 实训任务

使用仿真实训课件，依据平衡对称原理将相关物品放入货架中完成陈列。

2. 实训理论

平衡对称原理：以对称轴为中心，在一边陈列相关产品，根据镜面效果在另一边的同一高度陈列同类产品。如图 5-3 所示，货架 1 和货架 2 都采用了平衡对称原理进行陈列。

服装货架仿真实训（多样化原理）

1. 实训任务

使用仿真实训课件，依据多样化原理将相关物品放入货架中完成陈列。

2. 实训理论

多样化陈列：由三组货架组成，但每组货架的陈列方式各不相同，陈列错落有序，充分体现了产品风格与特征，同时消费者在视觉上容易区分产品特征，不易分散视线。这种打破原有陈列规律的陈列方法，称为多样化陈列。

服装货架仿真实训（系列化原理）

1. 实训任务

使用仿真实训课件，依据系列化原理将相关物品放入货架中完成陈列。

2. 实训理论

系列化陈列：按产品系列不同，将相同系列的产品陈列在一起，阐述产品故事，其主要目的是方便顾客选购。图 5-4 陈列货架中的左侧增加了滑雪用品，提示了右侧服装的穿着场景。由于陈列货架中的服装都经过精心挑选，可以搭配起来穿着，方便顾客选购的同时可以形成连带销售，增加服装的销售量。

图5-4 系列化陈列

知识与能力拓展

服装品牌货架陈列调研

团队合作是服装营销工作中非常重要的职业能力,前面实训中已经开展过小组合作,思考一下,你在前期小组合作过程中的哪些方面发挥了作用,后续该如何更好地开展小组合作。本次实训要求大家通过小组合作,采用实地或者网络渠道调研国内优秀的服装品牌,找出能体现下列陈列规律的实际案例图片:系列化陈列货架(写出何种系列)、平衡对称陈列货架、多样化陈列货架。

 实训过程

① 调查国内优秀服装品牌的网络店铺或实体店铺,找出相关货架图片。
② 分小组讨论,分析此属于何种类型的货架。
③ 小组分工,将相关内容制作成PPT。
④ 上交教师,教师给出修改意见。
⑤ 完成修改,形成完成稿。

实训思考

① 经过实训,思考并分析国内优秀的服装品牌在货架陈列方面有哪些优点是值得学习的,还有哪些不足需要改进,在哪些方面有了提升。

思考与心得体会

学习情境六 服装卖场橱窗管理

　　店铺的橱窗具有不同的类型以及各自的特点,在设计中应该根据服装品牌的特点进行设计,体现品牌自身的特色。好的橱窗设计可以吸引店外消费者进入店铺选购服装,有利于建立良好的服装品牌形象,提升服装品牌价值。橱窗管理是服装营销活动中非常重要的环节。

学习情境六电子课件

课前任务

① 选定一个服装品牌，通过网络、图书馆等渠道查找与品牌相关的橱窗展示图片。

② 讨论橱窗的特点，结合服装品牌定位、营销活动、主推款式等进行分析。

③ 在线学习使用相关设计软件进行基本的陈列设计操作，以此为基础开展本章实训。

学习目标

知识目标：掌握服装橱窗的不同类型、不同模特数量的服装陈列方法。

技能目标：能够选取合适的设计元素，根据陈列模特的数量，进行主题式橱窗、场景式橱窗等不同类型的橱窗设计与展示。

素质目标：培养服装品牌陈列展示设计中的改革创新精神、团队合作意识，强化服装营销人员热爱服务岗位的思想品质。

学习任务

服装店铺的橱窗是向顾客展示品牌文化最直接的一线载体，也是服装品牌所创造的设计作品之一，代表了服装品牌的重要形象。因此优秀的服装品牌往往非常注重店铺的橱窗设计，设计符合目标顾客审美需求的橱窗可以有效支撑品牌内涵，大大提升服装品牌的自身价值。所以本章的学习任务是开展服装店铺橱窗的调研与分析，找出服装店铺中不同类型（主题式橱窗、场景式橱窗、法式橱窗等）的橱窗，讨论分析选用了哪些符合品牌定位的美学元素。在此基础上，学习如何根据模特的数量进行橱窗展示，要求同学选定某一服装品牌，学习使用主题式、场景式、法式等的橱窗风格，选择合适的模特站位，完成橱窗设计。

知识准备

一、橱窗的类型

1. 主题式橱窗

主题式橱窗就是将橱窗画面设定为某一主题，可以是节日、季节等。图 6-1 所示就是以春节为主题设计的橱窗。

图6-1 春节主题的橱窗案例

2. 场景式橱窗

场景式橱窗就是将橱窗画面设定在一个情景中，比如室内客厅、室外海滩等，或是讲述一个故事或是定格一个生活画面。图 6-2 展示的是商务办公场景的橱窗。

图6-2 商务办公场景的橱窗案例

3. 玻璃贴画式橱窗

所谓"玻璃贴画"就是在橱窗玻璃表面贴了一些与橱窗主题相关的"画"。这种风格的橱窗，多数通过玻璃贴画来塑造一种环境或一个画面，它的作用类似于背景喷画，只是一个在前，一个在后。

橱窗特点：①花草植物常成为这种陈列风格中玻璃上的主角；②色彩鲜艳是玻璃贴画式橱窗常用的色彩视觉手段。

制作要求：①对橱窗灯光要求比较高，这种橱窗对灯光的位置、亮度都有不同的要求。②玻璃上的贴画要有一定的透明度。③对贴画艺术性及其与橱窗其他道具的结合性要求较高。这里说的与道具的结合性是指贴画与其他道具组合后能完美阐述橱窗主题或故事，更好地体现品牌或产品本身。④制作橱窗的工艺要求较高。⑤制作成本相对较低。

4. 法式橱窗

法式橱窗（图6-3）只是一种橱窗的类型风格，并不是单指法国的橱窗。

橱窗特点：①模特简洁、不夸张，没有太多花样。②橱窗道具简单或没有道具。③注重服装本身材质的体现以及产品的组合。④适合较高贵或奢侈品牌。

图6-3 法式橱窗案例

二、橱窗的构成方式

一般的服装店铺门面的宽度一般在8米之内，按常人的行进速度，通过的时间大约是10秒。怎样在这短短的10秒中抓住顾客的目光，就是橱窗设计中最关键的问题。

橱窗的设计手法多种多样，根据橱窗尺寸的不同可以对橱窗进行不同的组合和构思。小型橱窗就是大型橱窗的缩影，只要掌握了橱窗的基本设计规律，也就可以从容应对一些大型橱窗的设计了。

目前，国内大多数服装品牌的主力店的店面，在市场的终端主要以单门面和两个门面为主，橱窗的尺寸基本在1.8～3.5米。这种中小型的橱窗，基本上是采用2～3个模特的陈列方式。因此，根据这种实际情况，着重以3个模特为例介绍橱窗的基础构成方法。

1. 基本组合形式

模特道具和服装是橱窗中最主要的元素，一个简洁到极点的橱窗也会有这两种元素，同时这两种元素也决定了橱窗的基本框架和造型。因此，学习橱窗的陈列方式可以先从模特的组合方式入手。模特不同的组合和变化会产生间隔、呼应和节奏感。不同的排列方式会给人不同的感受。

在改变模特排列和组合的同时，还可以改变模特身上的服装搭配来获得更多趣味性的变化。另外，在同一橱窗里出现的服装，通常要选用同一系列的服装，这样服装的色彩、设计风格会比较协调，内容比较简洁。为了使橱窗变化更加丰富，还需要对这个系列服装的长短、大小、色彩进行调整。模特和服装有以下几种基本组合方式。

（1）间距相同、服装相同

这种组合中每个模特之间采用等距离的方式，节奏感较强，由于穿着的服装相同，比较抢眼（图6-4）。适合促销活动以及休闲装品牌使用。缺点是有一些单调。为了改变这种缺点，最常见的一种做法是移动模特的位置，或改变模特身上的服装。两种改变都会带来一种全新的感觉。

图6-4 "间距相同、服装相同"组合方式

（2）间距不同、服装相同

此种组合由于变换了模特之间的距离，因而产生了一种节奏感，虽然服装相同，但不会感到单调，给人一种规律整洁的美感。配上相关的挂画和陈列道具，就能营造出非常清新的氛围。注意在道具的使用上，下面的地毯位置也应该和陈列模特的位置相呼应，放在距离较近的两个模特下面就比较合适（图6-5）。

图6-5 "间距不同、服装相同"组合方式

(3) 间距相同、服装不同

为了改变上述的排列单调的问题,可以改变模特身上的服装来获得一种新的服装组合变化。图6-6就是改变了服装的色彩,使这一组合在规则中又多了一种有趣的变化。

图6-6 "间距相同、服装不同"组合方式

(4) 间距不同、服装不同

这种组合是橱窗最常用的服装排列方式,由于模特的间距和服装都发生变化,使整个橱窗呈现一种活泼自然的风格。在上面的组合基础上,也可以考虑加上一些小道具和饰品,使橱窗更加富有变化。

2. 综合性组合形式

在掌握基本的橱窗陈列方法后,接下来要考虑整个橱窗的设计变化和组合了。

（1）追求和谐优美的节奏感

具体的表现就是模特的间距和排列方式、服装的色彩和面积的变化、上下位置的穿插以及橱窗里的挂画搭配等。服装的陈列应与道具呼应，渲染场景氛围。通过一系列组合和排列，牵动顾客的视线，加上模特方向的不同变化，使这个多彩的橱窗呈现丰富的变化。

图 6-7 所示的设计案例将穿着不同颜色服装的模特间隔陈列，富有节奏感。背景的挂画和道具绿植相互呼应，整个橱窗给人一种清凉夏日休闲度假的感觉。

图6-7　追求和谐优美节奏感的橱窗设计

（2）追求奇异夸张的冲击感

在这种形式中，最常用的手法是将模特背后的海报放大成特定的尺寸，或将一些物体重复排列，制造一种数量上的视觉冲击力，如图 6-8（a）。或将一些反常规的东西放置在一起，以期待行人的关注，如图 6-8（b）。

(a)　　　　　　　　　　　　(b)

图6-8　追求奇异夸张冲击感的橱窗设计

三、橱窗管理注意事项

1. 橱窗和卖场要形成一个整体

在实际的应用中，往往会忽略卖场的陈列风格，因而会出现这样的景象：橱窗的设计非常简洁，而里面却非常繁复；或外面非常现代，里面却设计得很古典。

橱窗是卖场的一个部分，在布局上要和卖场的整体陈列风格相吻合，形成一个整体。特别是通透式的橱窗不仅要考虑和整个卖场的风格相协调，更要考虑和橱窗最靠近的几组货架的色彩协调。

2. 要和卖场的营销活动相呼应

从另一角度看，橱窗就像一部电视剧的预告，它告知的是一个大概的商业信息，传递卖场内的销售信息，这种信息的传递应该和店铺中的活动相呼应。如橱窗里是"新装上市"的主题、店铺里陈列的主题也要以新装为主，并储备相应数量的新装，以配合销售的需要。

3. 主题要简洁鲜明，风格要突出

不仅要把橱窗放在服装店铺中考虑，还要把橱窗放大到整条街上去考虑。在整条街道上，其实店铺的橱窗只占小小的一段，顾客在橱窗前停留也是短暂的一段时间。因此，橱窗一定要主题鲜明，要用最简洁的陈列方式告知顾客要表达的主题。

4. 考虑顾客的行走视线

虽然橱窗是静止的，但顾客却是在行走和运动的。因此，橱窗的设计不仅要考虑顾客的静止观赏角度和最佳视线高度，还要考虑橱窗自远至近的视觉效果，以及穿过橱窗前的"移步即景"的效果。为了顾客在最远的地方就可以看到橱窗的效果，在橱窗的创意上做到与众不同，主题要简洁，在夜晚还要适当地加大橱窗里的灯光亮度。一般橱窗中灯光亮度要比店铺中提高 50%～100%，照度要达到 1200～2500lx。另外，顾客在街上的行走路线一般是靠右行的，一般是从店铺的右侧穿过店面。因此在设计中，不仅要考虑顾客正面站在橱窗前的展示效果，也要考虑顾客侧向通过橱窗所看到的效果。

(a) 常规展示：正面视角　　　　　　　　(b) 常规展示：行人视角

图6-9

(c) 调整后的展示：正面视角　　　　　　　　(d) 调整后的展示：行人视角

图6-9　考虑顾客行走视线的橱窗设计

如图 6-9（a）和（b）所示，通常正面展示效果较好，但是行人视角观察到的是服装的侧面。如图 6-9（c）和（d）所示，如果考虑到行人的行走方向，模特的朝向应该略微向右边侧过去一些，模特展示更面向顾客，可以获得更好的展示效果。

实训任务

实训一

橱窗设计（2个模特）

1. 实训任务

使用相关设计软件，选取品牌的目标顾客，确定品牌风格定位，选用主题式、场景式、法式中的一种方式，完成橱窗的模特（2个模特）站位设计，上交橱窗设计效果图、俯视图。

2. 实训理论

橱窗的分区：把橱窗的地面空间三等分，也就是从玻璃到背景的距离三等分，靠近玻璃的为"前位"，靠近背景的为"后位"，中间的为"中位"，如图 6-10 所示。

"三角形"站位：相邻的三个模特的底座呈三角形排列，有前、中、后的层次，把这种方式叫作"三角形"站位。

模特分组：当模特数量比较多时，可以进行模特分组，分到同一组的模特距离比较接近，不同组的模特之间距离相对较远，在排列上形成疏密变化。如果不进行分组，模特之间的距离就没有明显的差别。采用分组的形式进行陈列会显得富有变化，不使用分组则更具有整体统一性，要根据实际陈列需求灵活使用。

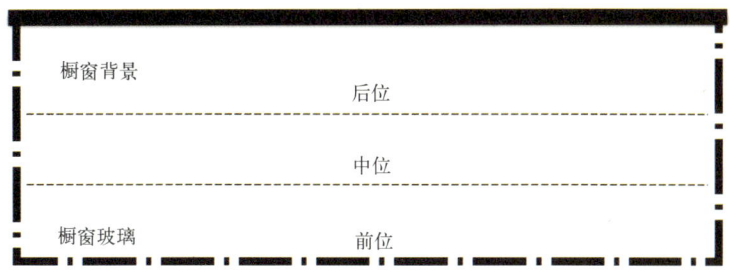

图6-10 橱窗的分区（俯视图）

橱窗设计（2个模特）：2个模特的站位比较简单，并列在"中位"即可，这样的方式常见于各种各样的小型橱窗摆放（图6-11）。也可以一前一后站立，也可前后稍有错位摆放，增加橱窗空间的立体感和摆放的活跃感，组合形成造型。

图6-11 橱窗陈列案例（2个模特）

橱窗设计（3个模特）

1. 实训任务

使用相关设计软件，选取品牌的目标顾客，确定品牌风格定位，选用主题式、场景式、法式中的一种方式，完成橱窗的模特（3个模特）站位设计，上交橱窗设计效果图、俯视图。

2. 实训理论

橱窗设计（3个模特）：3个模特若采用分组，比较常见的是分为两组，展示为"1+2"的形式，模特的位置分别是中位、后位和前位，俯视图中3个模特站位呈三角形排列。这种情况下，旁边可以配有道具来平衡两边的轻重比例。将其中两个模特的距离靠近一些，另一个模特离远一些。如图6-12所示，右边两个模特就比较近，使用的就是上述方法。

图6-12 橱窗陈列案例（3个模特）

实训三

橱窗设计（4个模特）

1. 实训任务

使用相关设计软件，选取品牌的目标顾客，确定品牌风格定位，选用主题式、场景式、法式中的一种方式，完成橱窗的模特（4个模特）站位设计，上交橱窗设计效果图、俯视图。

2. 实训理论

橱窗设计（4个模特）：4个模特如果采用分组，通常可以分两组，以"1+3"的形式进行陈列设计（图6-13）。也可以采用"2+2"的形式（图6-14），左右各两个模特，两个模特在前位，两个模特在后位。这些方式常见于休闲装的陈列。

图6-13 橱窗陈列案例（"1+3"形式）

图6-14　橱窗陈列案例（"2+2"形式）

橱窗设计（5个模特）

1. 实训任务

使用相关设计软件，根据品牌的目标顾客，确定品牌风格定位，选用主题式、场景式、法式中的一种方式，完成橱窗的模特（5个模特）站位设计，上交橱窗设计效果图、俯视图。

2. 实训理论

橱窗设计（5个模特）：5个模特可以分两组，以"2+3"的形式（图6-15），分别是中位、前位、中位、前位和后位，邻近的三个模特呈三角形排列。或是以"3+2"的形式（图6-16），分别是后位、前位、中位、后位和前位，邻近的三个模特也呈三角形排列。

5个模特也可以为一组，分别是中位、前位、后位、前位和中位，邻近的三个模特依然呈三角形排列。与前面的差别在于没有明显的分组，模特分布比较均匀。

图6-15　橱窗陈列案例（"2+3"形式）

图6-16　橱窗陈列案例（"3+2"形式）

知识与
能力拓展

橱窗类型调研与分析

好的橱窗能向顾客传递品牌文化，对于中国服装品牌而言，中国历史悠久的传统文化是构筑服装品牌内涵的最好元素。如果策划中式主题橱窗，思考哪些中国传统元素可以应用到主题橱窗设计中呢？

实训过程

① 调查网络上已有的中式主题橱窗陈列图片。
② 该中式主题橱窗主题为_____。
③ 该中式主题橱窗选取的中国传统元素为_____。
④ 模特个数有几个,分别位于橱窗的哪个位置(前、中、后位)?

思考与心得体会

能力拓展:企业实例
——模特摆位示范

能力拓展:企业实例
——模特服装搭配与
细节处理示范

学习情境七　服装卖场布局管理

　　服装卖场布局规划是否合理对服装购买过程有着非常重要的影响，合理的服装卖场布局规划可以为顾客提供更为方便舒适的购物体验，同时有效促进顾客购买服装的可能性。相反，如果布局不合理，服装产品的销量会大大降低，服装品牌的营销活动也会受到较大的影响。

学习情境七电子课件

① 选择一个国内服装品牌实体门店作为调研对象。
② 绘制卖场的平面布局图，观察卖场内可供顾客行走的通道宽度，在平面布局图上用虚线标出最宽的通道。
③ 用文字标注平面图上主推款、新款、常规款服装所在的位置。

知识目标：熟悉服装店铺中布局规划的基本原理，了解物理引导和心理引导等动线规划方法，理解磁石点在服装店铺规划设计中的作用。
技能目标：根据实际需要，使用合适的方法开展服装店铺整体布局规划设计。
素质目标：培养学生结合人体工程学、消费行为学等理论知识，从"以人为本"的角度开展店铺设计，关爱消费者，有强烈的职业责任感与管理改革的创新精神。

"以顾客为中心"展开店铺规划，通过分析顾客购买服装的行为特征，设计出符合顾客购物行为习惯，满足顾客购物需求的卖场布局，可以有效提升服装的销量。所以本章的学习任务以小组为团队，通过Photoshop仿真实训课件，初步尝试对结构较为简单的服装店铺进行规划分析，理解并掌握规划布局原理，为后续更为复杂的VR（虚拟现实）卖场综合实训提供有效帮助。

知识准备

一、服装销售分区

服装卖场空间的设置首先划分卖场区域，设定出重点陈列区、辅助陈列区、展示位和特卖区。合理搭配各陈列区，做到主辅相互配衬、相互呼应，增加顾客浏览的趣味性与层次感。

重点陈列区（A区）：以店铺正门后左右两侧墙面为主，主要设计在入口处，可视情况搭配附近货架。一般陈列当季新款。

辅助陈列区（B区）：以收银台左右两侧墙面为主，试衣间和试衣镜附近也可视情况增加辅助陈列区。配饰陈列区也属于辅助陈列区的一种。

展示位和特卖区（C区）：展示位以橱窗、精品柜及模特位等展示区域组成。特卖区可视情况单独开辟一块地方，并标以明显标志，与正价区有明显分别，该区域可以视为磁石点的分布区域。

商品陈列要以销售计划为基础，把公司的主推产品与当地、当时的情况相结合。在分类陈列的基础上，要注意按颜色、尺码及系列陈列；颜色以从外场到内场、从左到右、从小到大的顺序陈列；同类产品集中陈列应将同款同色或相近颜色按尺码顺序排列。在重点陈列区与辅助陈列区中分别布置重中之重，以制造焦点。注意营造主题，系列化陈列，突出故事性，唤起顾客认同，增加销售机会。

二、服装陈列间隔

试想一下，如果你逛街，每一件衣服都挤在一起，既看不到卖点，拿的时候也抽不出来，是不是完全没有购物欲望呢？所以陈列商品之间保持一定距离，就是为了能完整展示商品卖点，以及方便顾客拿取，一定程度上促进销售。

1.IP间隔

IP指的就是单品陈列，也就是服装店铺挂装区域和叠装区域展示的商品，侧挂陈列的空间距离应该至少保持5厘米，太密集的挂装，顾客根本无法拿取。或者说将侧挂陈列的服装全部推到一边后，空出整个陈列架1/3的距离是合适的侧挂数量（图7-1）。叠装陈列的距离就是不要紧挨着，应该保持在8～20厘米，同时叠装高度不宜超过18厘米，否则服装容易掉落（图7-2）。

2.IP与PP间隔

PP说的就是重点陈列，也就是我们在服装店铺侧挂架、中岛台等区域常看到的模特展示。而IP和PP之间之所以要留出一定空间，就是为了体现出PP的特殊性，更好地给PP展示的空间，不能被遮挡。当然IP和PP之间的距离也不宜过远，否则就会不方便顾客拿取。

图7-1　侧挂间距　　　　　　　　　　　图7-2　叠装间距

PP 和 IP 放在同一展示台（图 7-3），PP 在高度上与 IP 应保持空间距离，互不阻挡。同时一定要记住，PP 上的重点展示一定是周围的 IP，否则 PP 的重点陈列就无效了。

图7-3　PP和IP放在同一展示台

3.PP 与 PP 间隔

PP 是重点展示，体现了某一区域商品的特征，所以店铺 PP 和 PP 之间应当保持适当的距离。同一区域内的不同 PP 要有空间，在视觉上不能给人拥挤感。同一区域的 PP 则可以通过间距和高度差来体现每个 PP 的独立性，例如同一区域内 PP 存在一定的间距和高度差（图7-4），不会融合在一起。

图7-4　同一区域内PP存在一定的间距和高度差

不同的两个 PP，要有一个过道的距离来体现区域差别（图 7-5），视觉上会更清晰。

图7-5　同一区域内PP的过道间隔

4.VP 与 VP 间隔

VP 指的就是主题陈列，大部分的 VP 会出现在橱窗内（图 7-6），起到引导顾客的作用。店铺内也会有如图 7-7 的 VP 和流水台组合陈列。VP 是店铺的重要引流方式之一，所以在做 VP 的时候，让它保持足够的空间，在视觉上才会有足够的突出感，更加夺人眼球，也能起到视觉促销的作用。

图7-6　橱窗内的VP

图7-7　店铺内VP和流水台组合陈列

三、服装卖场尺寸

① 卖场的入口主客流通道为 2.4～3.6 米。在设计店铺卖场的通道时，应注意通道要有一定的宽度。一般来讲，营业面积在 200 平方米以上的店铺，卖场入口主客流通道的宽度要在 2.4～3.6 米之间，可允许 3 名顾客并排进入。店铺的入口一定要大，顾客常规的心理是不想走入过于狭窄拥挤的地方购物。

② 店内双向客流通道为 1.1～1.6 米。这样的宽度可允许一名顾客正面通行，另一名顾

客侧身通过。

③ 店内双向客流通道为 1.8～2.1 米。这样的宽度可允许两名顾客交错或并排通过。

④ 店内单向客流通道为 0.9～1.2 米。可允许一名顾客通过。

⑤ 销售的黄金展示空间是 70～135 厘米。对于顾客而言，这是最容易看到、最容易接触到商品的高度，常被称为"黄金展示空间"。而手可以轻松接触到的范围也是 70～135 厘米。

⑥ 最高层板高度为 1.8 米。是顾客的手难以接触的范围，基本上用于 PP 点吸引远方顾客的目光。

⑦ 最低层板高度为 30 厘米。30 厘米以下则为无效陈列区，很少顾客会愿意蹲下来拿取商品。

⑧ 收银台最佳高度为 1.1～1.2 米。这个高度是顾客在付款时感觉最舒适的高度，不会太高显得压抑，也不会太低不舒服。

⑨ 试衣间的面积不能小于 1.5 平方米，要整洁无异味，凳子、拖鞋、挂钩等配套要全，私密性要好，打造尊贵的感觉。

⑩ 叠装陈列所处的高度一般为 60～160 厘米，太低会导致顾客需要大幅度弯腰拿取产品，太高则看不到叠装的卖点。

四、卖场动线规划

所谓动线规划就是对卖场进行合理规划，达到以下目的：使顾客产生良好的品牌印象；提高卖场效率，减少卖场"死区"出现；增加收益；降低商品损耗（防盗）。优秀卖场的一般特征是主通路对顾客流动起到主导作用，主通路两侧的商品占总销售额的 70%～80%。卖场人流均匀，没有卖场死区。

微课堂：卖场动线规划

服装卖场顾客购买过程如下：进入店铺—店内行走—商品前站立—注视商品—触摸商品—购买商品。因此，必须使得顾客走到服装面前，顾客看到的服装越多，购买的概率就越大，因此店铺有必要进行顾客动线规划。

1. 单方引导方式

单方引导是指在动线规划中，只设计单向的行走路线，设置唯一的出口和入口，分别位于卖场区域的两端。这就是比较简单的单方引导方式。

优点：可以保证顾客走遍完整的卖场。

缺点：行走受到限制，整个路线比较耗费时间。

2. 物理引导方式

物理引导是指在动线规划中，按照大多数人习惯走直线以及倾向更为宽敞的通道这两大特点进行卖场通路设计，从而引导顾客的行走路线。物理引导主要通过设计主通道、辅通道和出入口，使得大多数人按照规划路线行走。

优点：顾客的行走区域更为自由的同时，可以引导顾客的行走路线。

缺点：不能保证顾客走遍完整的卖场，且需要和心理引导方式配合使用。

物理引导设计方法：如图7-8所示，红色表示服装陈列区域，绿色表示通道区域，箭头表示顾客行走方向。

① 主通道（粗虚线）各陈列架陈列基本呈直线（尽可能减少拐角）。

② 卖场通道分主通道和副通道（细虚线），使用主通道引导（粗虚线行走方向）。

③ 卖场主通道和入口相连。

注意：以上条件必须都要满足，不然会导致卖场存在顾客无法走到的区域。如图7-9的黄色区域是顾客很难走到的区域，会造成卖场空间浪费。

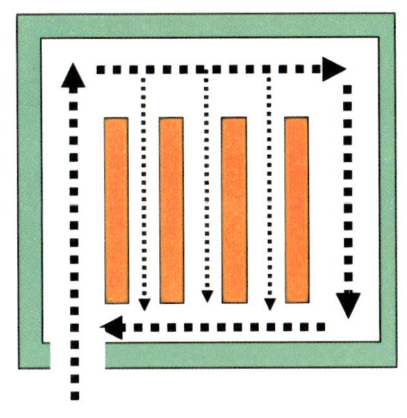
图7-8　物理引导方式原理图

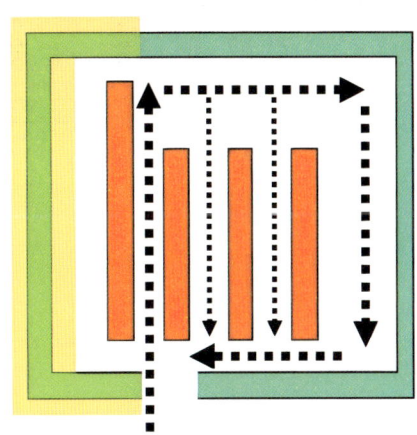
图7-9　主通道没有和入口相连

3. 心理引导方式

心理引导是指在动线规划中设置吸引顾客注意力的陈列物品，引导顾客的行走路线。通过心理引导方法，引导顾客按照设计的路线行走。

磁石点主要包含以下几方面：①货品分类（主推新款、特价商品等）；②特色展示（陈列墙展示、形象板、模特展示等）；③灯光等其他因素。

优点：可以提供顾客行走的动力。

缺点：不能保证顾客走遍完整的卖场，且需要和物理引导方式配合使用。

心理引导和物理引导相结合设计方法：如图7-10所示，红色表示服装陈列区域，绿色表示通道区域，箭头表示顾客行走方向。

① 在物理引导的基础上，按照顾客的行走路线，在卖场转角位置设置重要的磁石点（大的圆形区域），磁石点的展示面向顾客行走路线。

② 在物理引导的基础上，按照顾客的行走路线，在其他位置设置一般的磁石点（小的圆形区域），磁石点的展示面向顾客行走路线。

③ 不同卖场货品安排：第一卖场（绿色部分）沿主通道，安排消费量大的常规款式服装。第二卖场（黄色圆形区域）主要分布在通路尽头或拐角处，一般安排畅销产品、人气高的产品、季节性产品（新款）。如图7-11所示，由于磁石点应该正对主通道顾客行走路线，第一磁石点准确的位置应为A，第二磁石点准确的位置应为B，位置C作为磁石点的重要性是弱于位置A和位置B的，即磁石点的重要性为A＞B＞C。第三卖场（小的紫色圆形区域）

可以考虑安排打折服装。

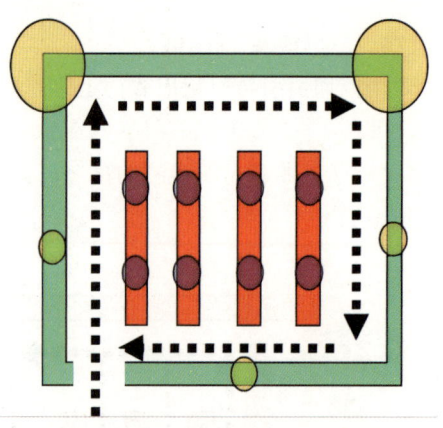

图7-10　心理引导和物理引导相结合

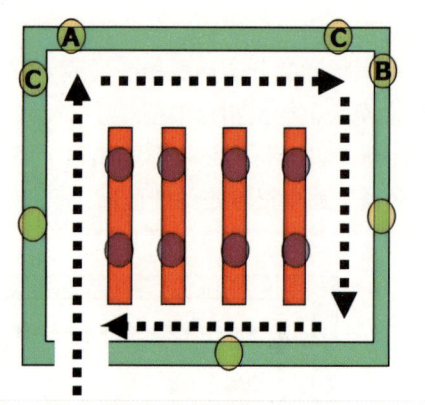

图7-11　磁石点的安排

4. 顾客动线规划方法

（1）卖场主流人群判断

① 由整体卖场入口判断（初判）：找出整体卖场的全部入口（入口、电梯等）；找出整体卖场主通道；判断规划卖场外的主流人群。

② 由人流测定判断（最终判断）：测定卖场入口两个方向的人流量；将人流量大的方向判断为主流人群方向。

（2）通路设计

参考物理引导和心理引导相结合的方式进行通路设计。

（3）导购站位、收银柜台位置、试衣间位置设计

① 导购站位、收银柜台位置会对顾客产生行走压力。

② 试衣间可以引导顾客行走方向。

实战案例

服装卖场布局仿真实训 1

根据图 7-12 的仿真卖场，为其设计卖场内的顾客规划路线。根据规划路线判断卖场布局存在哪些不足，并作出相应调整。

学习情境七　服装卖场布局管理

图7-12　仿真卖场实训1

服装卖场布局仿真实训2

根据图7-13的仿真卖场，为其设计卖场内的顾客规划路线。根据规划路线判断卖场布局存在哪些不足，并作出相应调整。

图7-13　仿真卖场实训2

71

服装市场营销

实训三
服装卖场布局仿真实训3

根据图7-14的仿真卖场,为其设计卖场内的顾客规划路线。根据规划路线判断卖场布局存在哪些不足,并作出相应调整。

图7-14 仿真卖场实训3

知识与能力拓展

品牌服装卖场布局调研与分析实训

只有更好地满足人民群众的消费需求,国内企业才有可能创建出优秀的本土服装品牌。服装营销的职业精神也要求营销人员从各个环节去关注并满足顾客的服装消费需求,因此卖场的布局设计必定是从"顾客"的角度出发。本次实训要求大家调查本地某一商场内的一家国内服装品牌店铺,分析卖场选址以及店铺内的规划布局,并通过所学知识判断其卖场布局是否合理。

实训过程

① 确定某一商场中一家国内服装品牌店铺，找出该品牌所在楼层的出入口、商场主通道，以及调研该品牌所处位置。

② 分析卖场主流人群方向（根据卖场入口位置、实测人流分布情况）。

③ 分析（理论分析）并观察卖场顾客动线（实际验证）。

④ 画出卖场布局图（要求基本比例正确）

⑤ 分析该国内服装品牌卖场布局的优缺点（如有缺点给出调整方案）。

 实训要求

① 要求明确楼层的出入口位置、主通道位置、卖场主流人群方向。写明主流人群以及顾客动线测试所用的顾客数量。

② 明确品牌名。

③ 每个小组同学完成一个服装品牌卖场的分析。

 实训思考

在进行卖场布局设计的时候，哪些设计是从"以人为本"的角度出发开展的？"以人为本"营销理念在提高国内服装品牌营销水平上能起到什么作用？

> 思考与心得体会

学习情境八 服装卖场VR综合实训

前期的仿真实训属于相对简单的卖场布局管理实训,主要考查大家在服装卖场通路和磁石点上的理论理解和应用能力。真正的服装卖场布局规划会更为复杂,需要融合前面所学的知识,综合考虑更多的因素。为此课程引入 VR 综合实训,帮助大家在一个更为真实直观的环境中,进行卖场管理理论的综合实践应用。相信通过这部分内容的学习,大家的服装营销综合能力会得到很大的提升。

学习情境八电子课件

综合实训目标

知识目标：复习和巩固前面所学的服装营销知识，并加深理解。

技能目标：能够根据实际卖场的情况，综合运用前面所学的知识进行知识的融会贯通和综合运用。

素质目标：综合运用所学的知识，以顾客为中心，具备"以人为本"经营管理理念；通过大型实训开展有效的团队合作，树立团队担当意识以及面对困难百折不挠的勇气，对于工作细节精益求精的工匠精神，以及服装营销活动中勇于创新的勇气和强烈的职业责任感。

综合实训内容

本章综合实训采用 VR 虚拟仿真技术，构建了和实际卖场非常接近的实训卖场，是最为复杂、要求最高、难度最大的实训任务。综合运用所学知识并进行实际应用，是服装营销能力上的一个跃升，也是对意志品质的一场考验。本章综合实训的任务是在 VR 虚拟仿真软件中，采用"鸟瞰"模式对店铺的整体规划设计进行分析，通过小组讨论，分析其合理性，然后采用"漫游"模式对店铺内的细节进行观察，综合分析店铺的色彩、材质、货品等多方面设计是否合理。在小组讨论总结的基础上，用录屏形式，完成本组的虚拟仿真综合实训报告。

综合实训任务

图 8-1 是卖场的平面图，这个卖场设计了入口区（引导区）、试衣间（服务区）、展示区等。按照实训任务练习册上的步骤，完成综合实训。

图8-1　卖场平面图

实训作业：整理上述实训内容形成电子实训报告。

参考文献

[1] 杨以雄.服装市场营销[M].上海：东华大学出版社，2023.
[2] 梁建芳.服装市场营销[M].北京：中国纺织出版社，2023.
[3] 韩英波.服装市场营销[M].北京：北京理工大学出版社，2024.
[4] 及文昊.现代服装市场营销[M].北京：化学工业出版社，2024.
[5] 韩阳.服装卖场展示设计[M].上海：东华大学出版社，2019.
[6] 洪文进.服装卖场展示设计[M].北京：航空工业出版社，2023.

校企合作·现代学徒制·新形态教材

服装市场
营销

FUZHUANG SHICHANG YINGXIAO

精品教材展示
教学资源下载

专业的教学支持与服务平台

教材展示 · 服务咨询 · 资源下载
在线题库 · 在线课程 · 数字教材

ISBN 978-7-122-46430-9

定价：49.80元
（配套项目实训手册）

服装市场营销
项目实训手册

班级：_____

姓名：_____

目 录

学习情境一　实训任务 ·· 1
 实训一　调研问卷的初稿编写 ·· 1
 实训二　调研问卷的小样本预测 ·· 4
 实训三　调研问卷的发放与营销策略提出 ································ 6

学习情境二　实训任务 ·· 8
 实训一　服装市场细分标准的选择 ······································ 8
 实训二　服装市场细分的表达 ·· 10
 实训三　服装差异化营销策略的制定 ···································· 12

学习情境三　实训任务 ·· 14
 实训一　卖场陈列中的形式重复 ·· 14
 实训二　卖场陈列中的色彩重复 ·· 15
 实训三　卖场陈列中的元素重复 ·· 16

学习情境四　实训任务 ·· 17
 实训一　服装卖场色彩仿真实训1 ······································· 17
 实训二　服装卖场色彩仿真实训2 ······································· 19
 实训三　服装卖场色彩仿真实训3 ······································· 20

学习情境五　实训任务 ·· 21
 实训一　服装货架仿真实训（人体工学原理）···························· 21
 实训二　服装货架仿真实训（平衡对称原理）···························· 22
 实训三　服装货架仿真实训（多样化原理）······························ 23
 实训四　服装货架仿真实训（系列化原理）······························ 25

学习情境六　实训任务·· 26

实训一　橱窗设计（2个模特）··26
实训二　橱窗设计（3个模特）··27
实训三　橱窗设计（4个模特）··28
实训四　橱窗设计（5个模特）··29

学习情境七　实训任务·· 30

实训一　服装卖场布局仿真实训1··30
实训二　服装卖场布局仿真实训2··32
实训三　服装卖场布局仿真实训3··34

学习情境八　VR综合实训任务·· 36

学习情境一 实训任务

实训一
调研问卷的初稿编写

实训解析：调研问卷初稿的编写

一、实训过程

服装市场的调研问卷都是在一定调研目的下进行的，假设你是国内某优秀服装品牌的服装营销企划人员，在设定调研目的的基础上，编写合适的调研问卷。

假设你所在的国内服装品牌是：_____

本次服装调研的重要目的是：_____

调研问卷的结构包括标题、前言（引导性语言）、正文、结束语。

① 标题：要显示调研问卷的主要内容，例如"女大学生服装消费调研问卷"。

② 引导性语言：问卷的开头一般需要一定的语言告诉被调查者所填写的这张问卷是用来调查什么问题的。

例如：您好！本问卷是一份有关品牌女装服装消费行为研究的市场调研问卷，希望得到您的支持和帮助。以下问题都是针对您的服装消费提出的，请根据实际情况填写。由于本问卷不记名，不会对您产生任何影响，请放心填写！

③ 正文：调研问卷的主要内容。

④ 结束语：在调查问卷最后简短地向被调查者强调本次调查活动的重要性以及再次表达谢意。

例如：非常感谢您在百忙中抽空填写我们的问卷，对于您的帮助我们再次表示感谢！

按照上面的要求，完成下面内容。

调研问卷的标题：_____

调研问卷的引导性语言：_____
_____
_____

调研问卷的结束语：_____

调研问卷的常用题型：

① 单选题。当问题的答案只有一个的时候，可以采用这种问卷形式。

例如：您购买服装最主要的资金来源是什么？

□家庭　　　　□业余兼职　　　　□奖学金　　　　□其他

② 多选题。当问题有多个答案的时候，可以采用这种问卷形式。

例如：当您发现购买的服装存在严重的质量问题，您可能会采取下列哪些行为？

□要求赔偿　　　□要求调换　　　　□劝阻他人购买

□通过媒体或是消协投诉　　　　□个人抵制，不再购买

□其他

③ 填空题、问答题。被调查者填写不方便，因此建议尽量减少使用这种问卷形式。

根据上面的讲解，按照前期设定，撰写调研问卷初稿。

问卷的有效性检验：在调研问卷中采用不同的形式询问相同的问题，通过回答结果判断是否属于有效问卷。下面是同一份问卷调研的两题：

"我很乐意逛街买衣服。"

□不符合　□符合

"我不觉得逛街购买衣服是一种乐趣。"

□不符合　□符合

实训解析：问卷有效性检验

这样的题目必须成对出现，同时两题必须间隔一定数量的题目出现，来保证问卷的友好性。

编写两道问卷有效性检验题：

二、实训考核

完成上述实训任务后，将自己的实训作业电子稿上交小组，进行自我评价和小组评价等，考核标准按照下面标准进行。

评价类型	评价项目		得分
学生评价（60分）	组间互评（20分）	作业质量（10分）	
		汇报质量（10分）	
	组内评价（30分）	责任担当（15分）	
		团队合作（15分）	
	自我评价（10分）	自我表现（10分）	
教师评价（25分）	作业质量评价（15分）		
	汇报质量评价（10分）		
企业评价（15分）	作业质量评价（15分）		
总分			

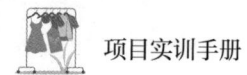

实训二
调研问卷的小样本预测

一、实训过程

1. 编写问卷注意的问题

① 用语的礼貌性：例如，问卷中在需要的地方要使用"请"，"你"应修改成"您"等。
② 用词的准确和易懂：问卷语言要尽可能明确和易懂，避免使用专业词语。
例如："您觉得我们品牌服装的版型如何"中"版型"是专业词语，不合适，需要修改。
③ 尊重公众，慎重选择所提问题，防止对公众情感造成伤害。
④ 不要用双重提问，即一个问题最好只有一个答案。
例如："你喜欢我们品牌的产品和包装吗"这个提问实际上含有两个问题，难以回答。
⑤ 备选答案力求全面，同时避免出现答案项目的交叉。
按照上面的要求修改调研问卷初稿。

2. 小样本预测

小样本预测是指将调研问卷在小范围内进行多次测试，请小部分公众回答问题，分析问卷，看看其中是否有不妥之处。然后进行修改，直到没有问题为止。

① 第一次小样本预测：邀请5个同学查看编写的调研问卷，并检查是否存在问题。

同学提出的问题：_____

对应的修改：_____

② 第二次小样本预测：邀请5个同学查看编写的调研问卷，并检查是否存在问题。

同学提出的问题：_____

对应的修改：_____

_____

_____

经过两次小样本预测，调研问卷初稿是否还存在问题：

_____

③ 如果有问题继续重复进行小样本预测：邀请5个同学查看编写的调研问卷，并检查是否存在问题。如果没有，形成调研问卷正稿。

同学提出的问题：_____

_____

_____

_____

对应的修改：_____

_____

_____

二、实训考核

完成上述实训任务后，将自己的实训作业电子稿上交小组，进行自我评价和小组评价等，考核标准按照下面标准进行。

评价类型	评价项目		得分
学生评价（60分）	组间互评（20分）	作业质量（10分）	
		汇报质量（10分）	
	组内评价（30分）	责任担当（15分）	
		团队合作（15分）	
	自我评价（10分）	自我表现（10分）	
教师评价（25分）	作业质量评价（15分）		
	汇报质量评价（10分）		
企业评价（15分）	作业质量评价（15分）		
总分			

项目实训手册

实训三
调研问卷的发放与营销策略提出

实训解析：调研问卷的发放与营销策略提出

一、实训过程

调研问卷的发放方法——抽样法。

① 随机抽样：从整体中随机抽取样本进行问卷发放的方法。当抽样量比较大时，样本分布可能比较集中，代表性不够。

② 分层随机抽样法：按照某一指标将样本进行分类，从每一类中随机抽取相同数量的样本的抽样方法。当抽样量比较大时，样本分布比较均匀，具有较好的代表性。

选择合适的抽样方法进行调研问卷的发放，选择的抽样方法是：_____

使用有效性检验题目，分析检查调研问卷是否被认真填写。

有效性题目有（填写题号）：_____

经检验发现无效问卷有（填写问卷编号）：_____

有效问卷数量占总问卷数量的百分比为：_____%

筛选去掉无效问卷后进行调研数据统计，统计结果如下：

_____
_____
_____
_____
_____
_____
_____
_____
_____
_____
_____
_____

服装营销建议的提出主要根据调研数据的统计结果进行。每一题的统计结果都能支撑相应的营销策略。根据上述分析结果，提出相关的品牌营销建议：

二、实训考核

完成上述实训任务后，将自己的实训作业电子稿上交小组，进行自我评价和小组评价等，考核标准按照下面标准进行。

评价类型	评价项目		得分
学生评价（60分）	组间互评（20分）	作业质量（10分）	
		汇报质量（10分）	
	组内评价（30分）	责任担当（15分）	
		团队合作（15分）	
	自我评价（10分）	自我表现（10分）	
教师评价（25分）	作业质量评价（15分）		
	汇报质量评价（10分）		
企业评价（15分）	作业质量评价（15分）		
总分			

学习情境二 实训任务

实训一
服装市场细分标准的选择

一、实训过程

选择三个细分标准,将细分人群进行分类,形成若干个细分市场,并通过小组讨论分析哪种细分标准是更有效的细分。

选取的三个细分标准是:_____

比较三个细分标准,小组讨论后认为_____细分标准是最有效的细分,理由是:_____

通过这个最有效的细分,细分出的市场子群体有以下几类,其特征分别是:_____

二、实训考核

完成上述实训任务后,将自己的实训作业电子稿上交小组,进行自我评价和小组评价等,考核标准按照下面标准进行。

评价类型	评价项目		得分
学生评价（60分）	组间互评（20分）	作业质量（10分）	
		汇报质量（10分）	
	组内评价（30分）	责任担当（15分）	
		团队合作（15分）	
	自我评价（10分）	自我表现（10分）	
教师评价（25分）	作业质量评价（15分）		
	汇报质量评价（10分）		
企业评价（15分）	作业质量评价（15分）		
总分			

实训二
服装市场细分的表达

实训解析：服装细分市场的表达

一、实训过程

市场细分的表达方式有以下几种。

1. 文字型表达

使用文字将顾客特点传达出来。例如：该品牌服装是设计给年龄在 18～35 岁之间，受过良好教育，热衷社会活动的男性。他们是一群对生活有着独特理解、穿着随意、追求时尚的现代人，这些人现在正是大都市的主流人群。该品牌正在努力为这群富有活力的年轻人创造着丰富多彩的选择空间！在价格定位方面，该品牌服装是让普通人都能消费的时尚单品。

2. 图片型表达

使用图片将定位的顾客特点传达出来（图1、图2）。

图1　顾客收纳特点

图2　顾客居家环境

3. 图片和文字结合型表达

综合使用以上两种方式将顾客特点传达出来。

选用最有效的细分标准，将顾客群体进行细分，同时将不同子群体的特征使用文字和图片相结合的方式表达出来。例如：细分群体特征为追求生活品质，有良好的收纳习惯，做事情有条理，年龄在 25～35 岁的男性。

按照上面的讲解，将其中一个细分群体用文字和图片相结合的方式表达，将细分群体特征打印粘贴到下页方框中。

二、实训考核

完成上述实训任务后,将自己的实训作业电子稿上交小组,进行自我评价和小组评价等,考核标准按照下面标准进行。

评价类型	评价项目		得分
学生评价(60分)	组间互评(20分)	作业质量(10分)	
		汇报质量(10分)	
	组内评价(30分)	责任担当(15分)	
		团队合作(15分)	
	自我评价(10分)	自我表现(10分)	
教师评价(25分)	作业质量评价(15分)		
	汇报质量评价(10分)		
企业评价(15分)	作业质量评价(15分)		
总分			

 项目实训手册

实训三
服装差异化营销策略的制定

一、实训过程

服装产品是服装企业经过生产过程而产生的有形物品，用以满足服装消费者的需求和欲望。服装产品包括服装的品牌、款式、花色、服务等。市场营销学认为，广义的服装产品还指人们通过购买服装而获得的能够满足某种需求和欲望的总和，既包括物质形态的服装，又包括非物质形态的利益，例如穿着美丽服装带来的愉悦心情等，这就是"服装产品的整体概念"。

不同细分市场制定的差异化产品策略是：

_____
_____
_____
_____
_____

服装价格是参与市场竞争的有效手段。在所有的市场竞争手段中，价格竞争可谓是最直接、最有效的一种手段。在同类产品中，价格越低，其市场竞争力越强。因此，价格也是竞争对手极为关心的问题。要实现盈利目标，不仅要为消费者提供满足其需求的服装产品，也要制订消费者可接受的价格水平。

不同细分市场制定的差异化价格策略是：

_____
_____
_____
_____
_____

服装渠道包含直接渠道、间接渠道等，是整个营销系统的重要组成部分，它对降低企业成本和提高企业竞争力具有重要意义，是规划的重中之重。主要有分公司或代理商、专卖店或加盟店、商场的柜台场地等。或者分为线上和线下渠道：线上渠道如淘宝、京东、拼多多、唯品会等电商平台，销售成本会比较低一些，没有店铺的租金，但会有流量竞价推广成本以及网页店铺装修等费用；实体店如服装批发市场、大型百货商场、连锁专卖的品牌经营店、高级定制工厂店、服装超市与折扣店、展会等。

不同细分市场制定的差异化渠道策略是：

_____
_____
_____
_____

服装促销是指服装品牌通过人员推销、广告、公共关系和营业推广等各种促销方式，向消费者或用户传递产品信息，引起他们的注意和兴趣，激发他们的购买欲望和购买行为，以达到扩大销售的目的。服装品牌将合适的产品在适当地点、以适当的价格出售的信息传递到目标市场，一般通过两种方式：一种是人员推销，即推销员与消费者面对面地进行推销；另一种是非人员推销，即通过大众传播媒介在同一时间向大量消费者传递信息，主要包括广告、公共关系和营业推广等多种方式。

不同细分市场制定的差异化促销策略是：

_____
_____
_____
_____
_____
_____

二、实训考核

完成上述实训任务后，将自己的实训作业电子稿上交小组，进行自我评价和小组评价等，考核标准按照下面标准进行。

评价类型	评价项目		得分
学生评价（60分）	组间互评（20分）	作业质量（10分）	
		汇报质量（10分）	
	组内评价（30分）	责任担当（15分）	
		团队合作（15分）	
	自我评价（10分）	自我表现（10分）	
教师评价（25分）	作业质量评价（15分）		
	汇报质量评价（10分）		
企业评价（15分）	作业质量评价（15分）		
总分			

学习情境三 实训任务

实训一
卖场陈列中的形式重复

实训过程

选定重复形式为_____。

使用相关设计软件完成效果图,彩色打印粘贴到下方。

撰写实训心得体会:

_____

_____

_____

_____

实训二
卖场陈列中的色彩重复

实训过程

选定重复色彩为_____。

使用相关设计软件完成效果图,彩色打印粘贴到下方。

撰写实训心得体会:

_____

_____

_____

_____

实训三
卖场陈列中的元素重复

实训过程

选定重复元素为＿＿＿＿＿＿＿＿＿＿＿＿＿＿＿＿＿＿＿＿＿＿＿＿＿＿＿＿。

使用相关设计软件完成效果图，彩色打印粘贴到下方。

撰写实训心得体会：

＿＿

＿＿

＿＿

＿＿

学习情境四 实训任务

服装卖场色彩仿真实训 1

实训过程

① 使用附图 1 中的服装卖场色彩仿真实训课件 1，剪下陈列架和陈列物品，将物品陈列起来，完成后参考实训解析，将修改后的结果粘贴到下面方框中。

② 使用附图2中的服装卖场色彩仿真实训课件2，剪下陈列架和陈列物品，将物品陈列起来，完成后参考实训解析，将修改后的结果粘贴到下面方框中。

③ 实训解析：

④ 按照解析，将正确的实训结果粘贴到前页方框中。

⑤ 实训总结：明度排列法是将色彩按明度深浅的不同依次进行排列，色彩的变化按梯度递进，给人一种和谐的美感。这种排列法经常在侧挂、叠装陈列中使用。

实训解析：明度排列法上下规律

实训解析：明度排列法左右规律

特点：应用的货品的颜色在明度上必须存在足够的差异。明度排列法一般适合于明度呈一定梯度的色彩。如果色彩的明度过于接近，就容易混在一起，此时使用该方法反而使卖场没有生气。

适用性：范围广。色彩无论是同色相还是不同色相，都会有明度上的差异。如同一色相中淡黄比中黄明度高，在不同色相中黄色比红色明度要高。

实训二

服装卖场色彩仿真实训 2

实训过程

① 使用附图 3 中的服装卖场色彩仿真实训课件 3,剪下陈列架和陈列物品,将物品陈列起来,完成后参考实训解析,将修改后的结果粘贴到下面方框中。

② 实训解析:
③ 按照解析,将正确的实训结果粘贴到前页方框中。
④ 实训总结:间隔排列法是通过两种以上的色彩间隔和重复进行陈列的方法。

实训解析:间隔排列法

特点:具有节奏感,使卖场充满变化和节奏。

适应性:范围广,适应性强。由于服装卖场中服装的色彩是复杂的,特别是女装,不仅款式多,而且色彩也非常复杂,有时候在一个系列中很难找出一组能形成渐变排列的服装组合。而间隔排列法对服装色彩的适应性较广,正好可以弥补这些问题。

作用:形成卖场的节奏感。

实训三

服装卖场色彩仿真实训 3

实训过程

① 使用附图 4 中的服装卖场色彩仿真实训课件 4，剪下陈列架和陈列物品，将物品陈列起来，完成后参考实训解析，将修改后的结果粘贴到下面方框中。

```
┌─────────────────────────────────────────────┐
│                                             │
│                                             │
│                                             │
│                                             │
│                                             │
│                                             │
│                                             │
│                                             │
│                                             │
│                                             │
└─────────────────────────────────────────────┘
```

② 实训解析：由于上述陈列物品颜色包含彩虹的全部颜色，因此可以用大自然中彩虹的色彩顺序排列，即按照赤、橙、黄、绿、青、蓝、紫的顺序排列。

③ 按照解析，将正确的实训结果粘贴到前页方框中。

④ 实训总结：彩虹排列法是按照赤、橙、黄、绿、青、蓝、紫的顺序陈列色彩。

特点：彩虹排列法主要在陈列一些色彩比较丰富的服装时采用。

适用性：范围窄。除了个别服装品牌，实际生活中碰到色彩如此丰富的款式还是很少的，因此该方法应用的机会相对较少。

学习情境五 实训任务

实训一
服装货架仿真实训（人体工学原理）

实训解析：人体工学原理

实训过程

使用附图5中的服装货架仿真实训（人体工学原理）课件，剪下陈列架和陈列物品，按照所学原理，将其陈列起来，将结果粘贴到下面方框中。

实训二
服装货架仿真实训（平衡对称原理）

实训解析：平衡对称原理

实训过程

使用附图 6 中的服装货架仿真实训（平衡对称原理）课件，剪下陈列架和陈列物品，按照所学原理，将其陈列起来，将结果粘贴到下面方框中。

实训三
服装货架仿真实训（多样化原理）

实训过程

① 写出下图中三个货架分别采用了哪种陈列方式。填写平衡对称陈列/非平衡对称陈列在对应横线上。

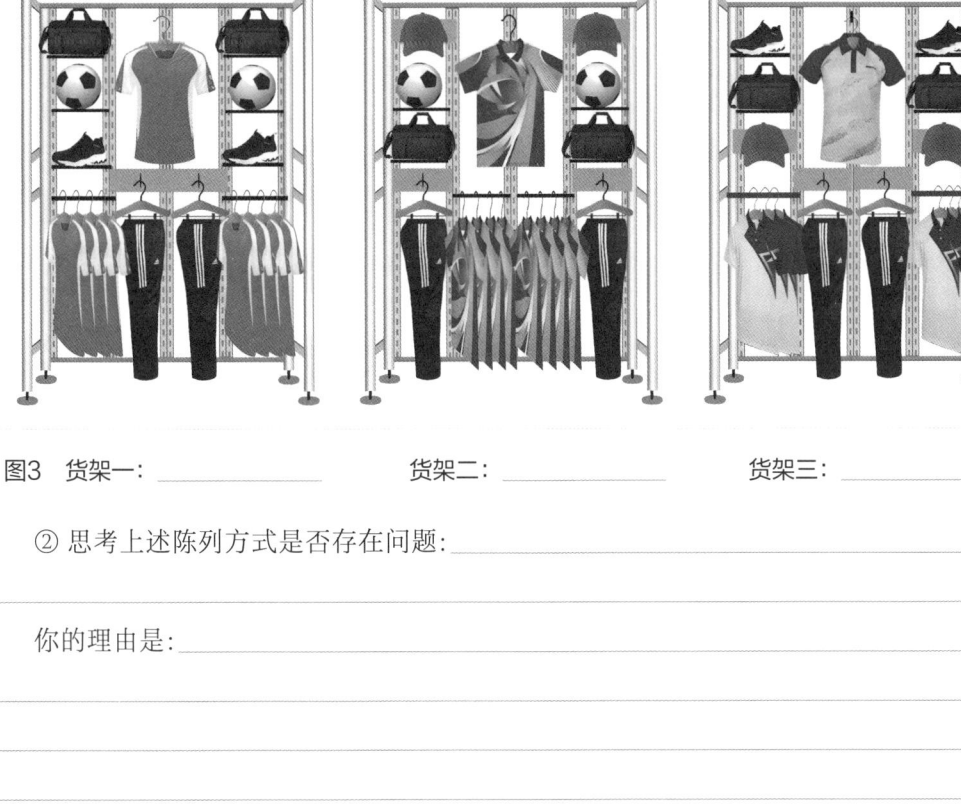

图3　货架一：_____　　　货架二：_____　　　货架三：_____

② 思考上述陈列方式是否存在问题：_____

你的理由是：_____

③ 写出下图中三个货架分别采用了哪种陈列方式。填写平衡对称陈列/非平衡对称陈列在对应横线上。

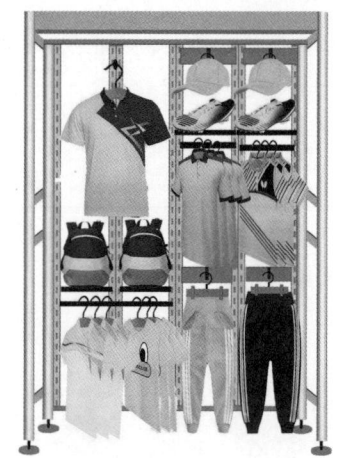

图4　货架一：_____　　货架二：_____　　货架三：_____

④ 扫描右方二维码获取陈列架素材。

⑤ 参考上面的案例，通过网络收集相关运动装陈列素材图片，使用 Photoshop 软件，完成多样化陈列电子稿，将结果打印粘贴到下方。

陈列架素材

实训四
服装货架仿真实训（系列化原理）

实训解析：系列化原理

实训过程

① 扫描实训三中二维码获取陈列架素材。

② 在此基础上通过网络收集相关运动装陈列素材，使用 Photoshop 软件，运用系列化陈列完成一个货架陈列效果图。在陈列架右侧展示 1～2 套陈列服装的搭配效果图。要求每一套包含上装、下装、鞋以及配饰（帽子、包等），将结果打印粘贴到下方。

学习情境六 实训任务

橱窗设计（2个模特）

实训过程

① 在图1中绘制2个模特的站位图，用椭圆表示模特。

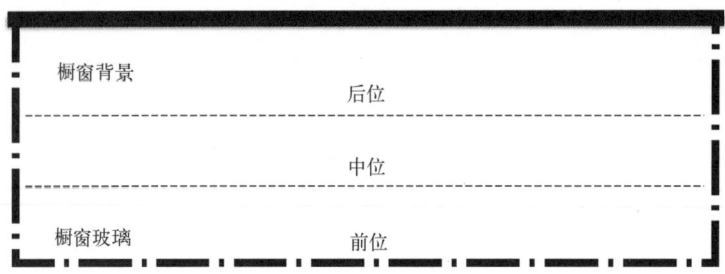

图1 2个模特站位图

② 使用相关设计软件，按照前面的站位设计，制作模特的橱窗陈列效果（矩形橱窗即可，大小不限），将结果打印粘贴到下方。

品牌的目标顾客选取为：_____

品牌风格定位是：_____

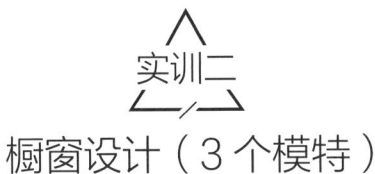

橱窗设计（3个模特）

实训过程

① 在图2中绘制3个模特的站位图，用椭圆表示模特。

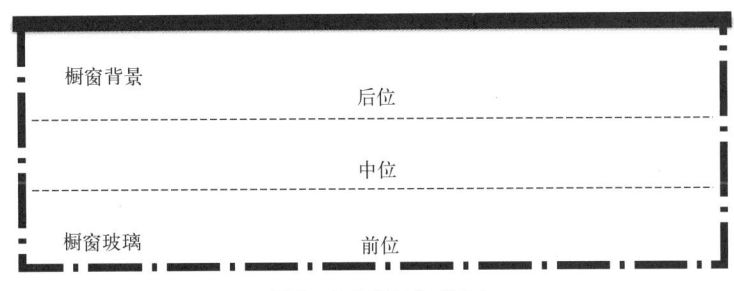

图2　3个模特站位图

② 使用相关设计软件，按照前面的站位设计，制作模特的橱窗陈列效果（矩形橱窗即可，大小不限），将结果打印粘贴到下方。

品牌的目标顾客选取为：

品牌风格定位是：

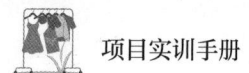

实训三
橱窗设计（4个模特）

实训过程

① 在图 3 中绘制 4 个模特的站位图，用椭圆表示模特。

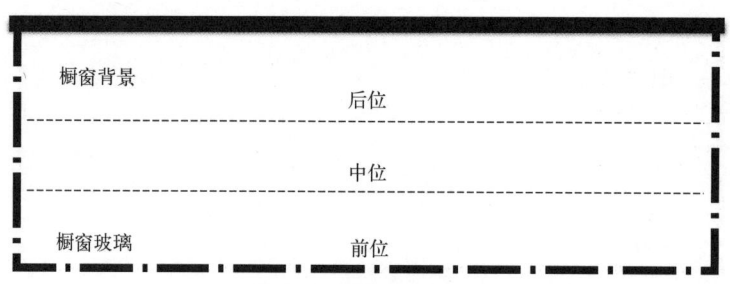

图3　4个模特站位图

② 使用相关设计软件，按照前面的站位设计，制作模特的橱窗陈列效果（矩形橱窗即可，大小不限），将结果打印粘贴到下方。

品牌的目标顾客选取为：_____

品牌风格定位是：_____

实训四
橱窗设计（5个模特）

实训过程

① 在图4中绘制5个模特的站位图，用椭圆表示模特。

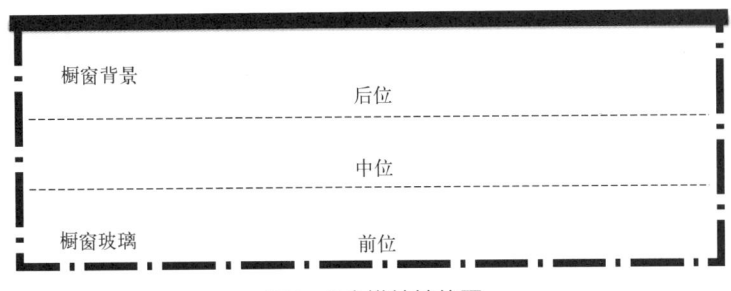

图4　5个模特站位图

② 使用相关设计软件，按照前面的站位设计，制作模特的橱窗陈列效果（矩形橱窗即可，大小不限），将结果打印粘贴到下方。

品牌的目标顾客选取为：_____

品牌风格定位是：_____

学习情境七 实训任务

实训一
服装卖场布局仿真实训 1

实训示范讲解:卖场仿真实训1

一、实训过程

① 在卖场内设计出顾客行走路线(用笔绘制在图 1 中)。

图1 仿真卖场实训1

② 分析顾客行走路线对应的磁石点位置,观察设计是否合理,如果不合理,将存在的问题记录在下面。

_____
_____
_____
_____

③ 按照设计的卖场顾客动线进行通道调整，写出需要调整的物体和调整的方法，并记录在下方。

④ 按照设计的卖场顾客动线进行磁石点调整，写出需要调整的物体和调整的方法，并记录在下方。

⑤ 检查主通道和副通道宽度是否正确，磁石点位置是否正确，是否能有效吸引顾客。

二、实训考核

完成上述实训任务后，将自己的实训作业电子稿上交小组，进行自我评价和小组评价等，考核标准按照下面标准进行。

评价类型	评价项目		得分
学生评价（60分）	组间互评（20分）	作业质量（10分）	
		汇报质量（10分）	
	组内评价（30分）	责任担当（15分）	
		团队合作（15分）	
	自我评价（10分）	自我表现（10分）	
教师评价（25分）	作业质量评价（15分）		
	汇报质量评价（10分）		
企业评价（15分）	作业质量评价（15分）		
总分			

实训二
服装卖场布局仿真实训2

一、实训过程

① 在卖场内设计出顾客行走路线（用笔绘制在图2中）。

图2　仿真卖场实训2

② 分析顾客行走路线对应的磁石点位置，观察设计是否合理，如果不合理，将存在的问题记录在下方。

_____
_____
_____
_____
_____
_____
_____
_____

③ 按照设计的卖场顾客动线进行通道调整，写出需要调整的物体和调整的方法，并记录在下方。

_____
_____
_____

④ 按照设计的卖场顾客动线进行磁石点调整，写出需要调整的物体和调整的方法，并记录在下方。

⑤ 检查主通道和副通道宽度是否正确，磁石点位置是否正确，是否能有效吸引顾客。

二、实训考核

完成上述实训任务后，将自己的实训作业电子稿上交小组，进行自我评价和小组评价等，考核标准按照下面标准进行。

评价类型	评价项目		得分
学生评价（60分）	组间互评（20分）	作业质量（10分）	
		汇报质量（10分）	
	组内评价（30分）	责任担当（15分）	
		团队合作（15分）	
	自我评价（10分）	自我表现（10分）	
教师评价（25分）	作业质量评价（15分）		
	汇报质量评价（10分）		
企业评价（15分）	作业质量评价（15分）		
总分			

实训三
服装卖场布局仿真实训 3

一、实训过程

① 在卖场内设计出顾客行走路线（用笔绘制在图 3 中）。

图3　仿真卖场实训3

② 分析顾客行走路线对应的磁石点位置，观察设计是否合理，如果不合理，将存在的问题记录在下方。

③ 按照设计的卖场顾客动线进行通道调整，写出需要调整的物体和调整的方法，并记录在下方。

④ 按照设计的卖场顾客动线进行磁石点调整，写出需要调整的物体和调整的方法，并记录在下方。

⑤ 检查主通道和副通道宽度是否正确，磁石点位置是否正确，是否能有效吸引顾客。

二、实训考核

完成上述实训任务后，将自己的实训作业电子稿上交小组，进行自我评价和小组评价等，考核标准按照下面标准进行。

评价类型	评价项目		得分
学生评价（60分）	组间互评（20分）	作业质量（10分）	
		汇报质量（10分）	
	组内评价（30分）	责任担当（15分）	
		团队合作（15分）	
	自我评价（10分）	自我表现（10分）	
教师评价（25分）	作业质量评价（15分）		
	汇报质量评价（10分）		
企业评价（15分）	作业质量评价（15分）		
总分			

学习情境八 VR综合实训任务

一、实训过程

① 登录浙江省高等学校在线开放课程共享平台,注册账号,查询高职院校"服装市场营销"在线课程,选择在线课程中"5.1.2 服装卖场 VR 虚拟仿真实训 2"。

② 登入实训网址,选择 3D 预览。点击 3D 按钮,选择漫游模式,点击方向即可移动位置,鼠标左键点击拖动,可以调整观察视角。

③ 在卖场内设计出顾客行走路线(用笔绘制在图 1 中)。

学生实训演示:
VR综合实训

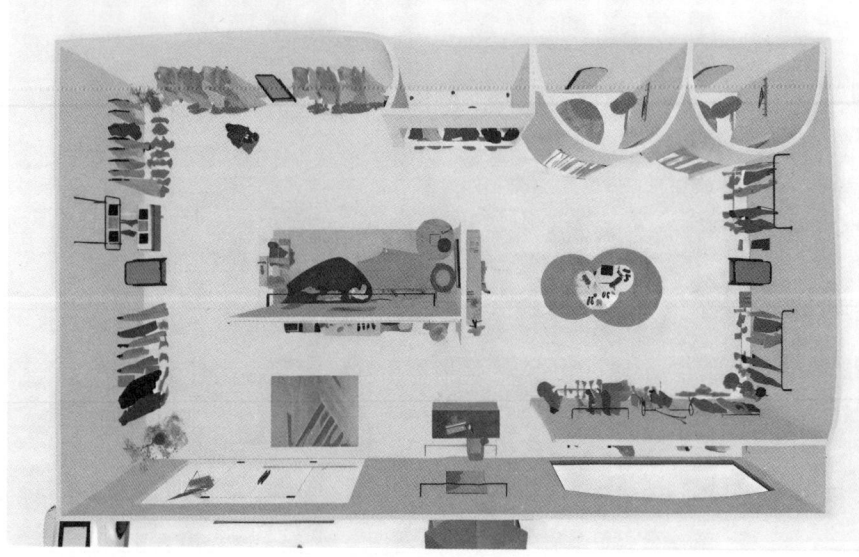

图1 卖场平面图

④ 分析顾客行走路线对应的磁石点位置,观察设计是否合理,如果存在不合理位置,记录在下方。

_____

_____

_____

_____

⑤ 按照设计的卖场顾客动线进行通道调整,写出需要调整的物体和调整的方法,记录在下方。

⑥ 按照设计的卖场顾客动线进行磁石点调整,写出需要调整的物体和调整的方法,记录在下方。

⑦ 撰写实训心得：_____

⑧ 整理上述内容，形成电子实训报告。

二、实训考核

完成上述实训任务后，将自己的实训电子报告上交小组，进行自我评价和小组评价等，考核标准按照下面标准进行。

评价类型	评价项目		得分
学生评价（60分）	组间互评（20分）	作业质量（10分）	
		汇报质量（10分）	
	组内评价（30分）	责任担当（15分）	
		团队合作（15分）	
	自我评价（10分）	自我表现（10分）	
教师评价（25分）	作业质量评价（15分）		
	汇报质量评价（10分）		
企业评价（15分）	作业质量评价（15分）		
总分			

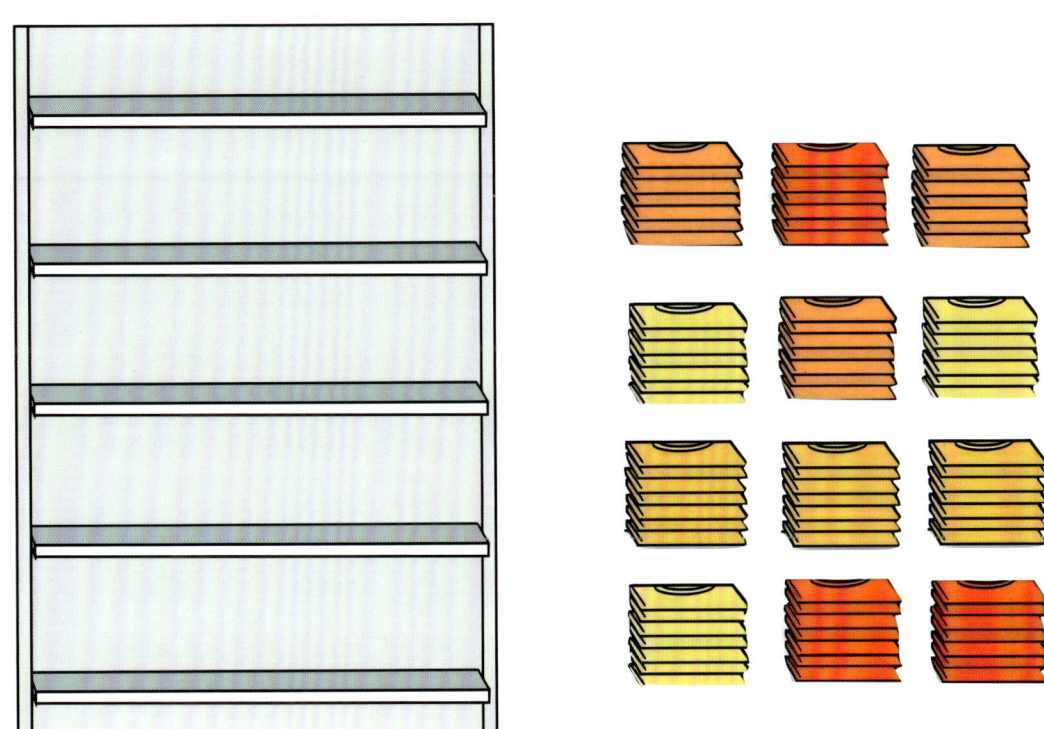

附图1 服装卖场色彩仿真实训课件1

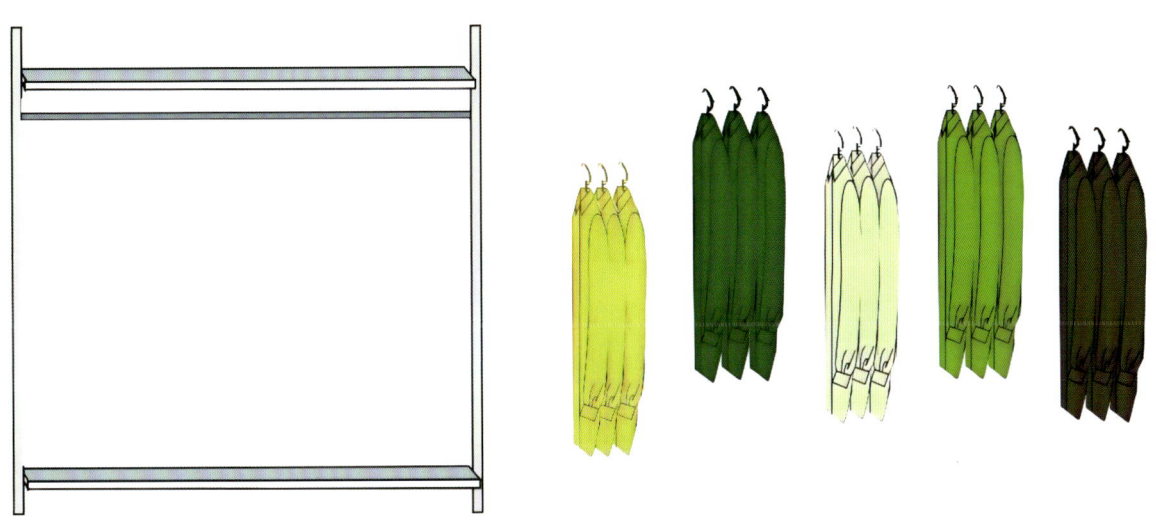

附图2 服装卖场色彩仿真实训课件2

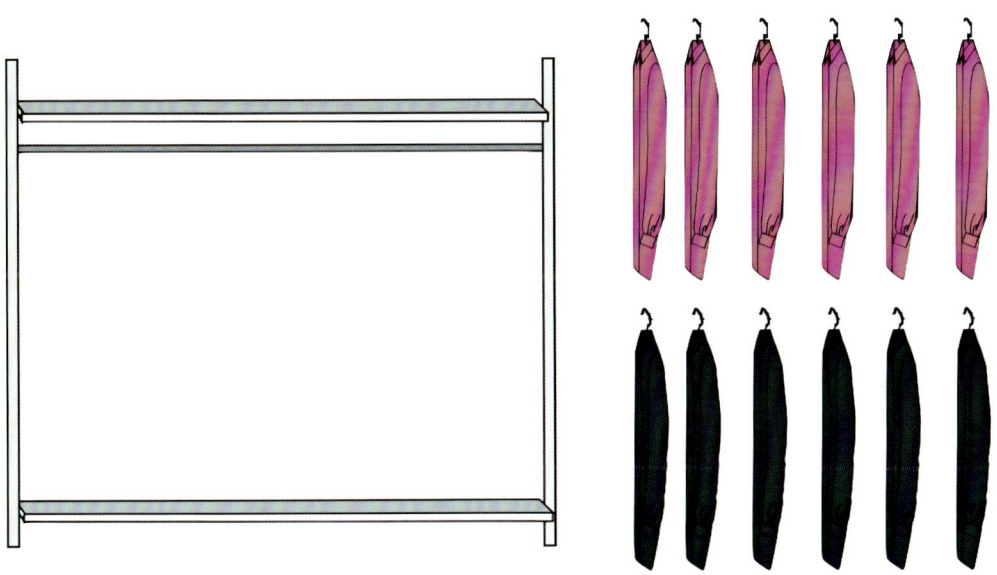

附图3　服装卖场色彩仿真实训课件3

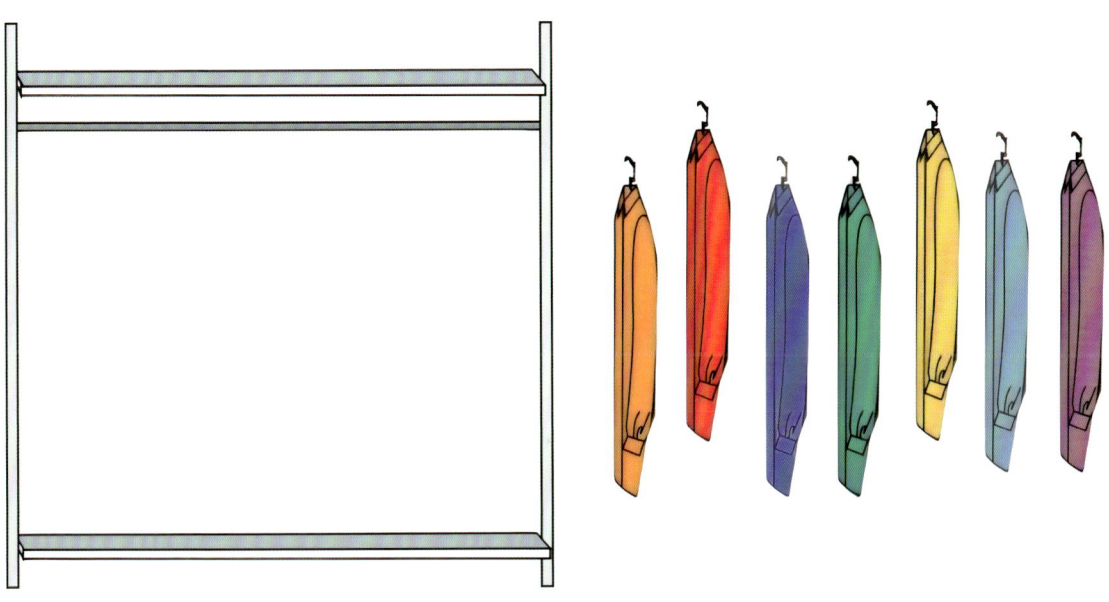

附图4　服装卖场色彩仿真实训课件4

附图5　服装货架仿真实训（人体工学原理）课件

附图6　服装货架仿真实训（平衡对称原理）课件